邁向概念為本的
課程與教學
如何整合內容與歷程

琳恩‧艾瑞克森（H. Lynn Erickson）、洛慧絲‧蘭寧（Lois A. Lanning）──著

劉恆昌──審閱

李秀芬、林曦平、李丕寧──譯

Transitioning to Concept-Based Curriculum and Instruction

How to Bring Content and Process Together

H. Lynn Erickson

Lois A. Lanning

給我們那四個令人讚嘆的孫兒 ——

崔佛與康諾・卡梅隆、克里斯多福與萊恩・漢德

—— 因你們而起心動念寫這本書。

To our four wonderful grandsons – Trevor and Connor Cameron, and

Christopher and Ryan Hand – who remind us why we do this work.

CONTENTS 目次

CONTENTS 圖表目次

About the authors
關於作者

琳恩・艾瑞克森（H. Lynn Erickson）

　　琳恩・艾瑞克森，教育學博士，是一位協助美國與國際性學校與學區設計並實施概念為本課程與教學的個人顧問。在過去二十幾年間，琳恩和K-12 教師及行政人員廣泛合作，共同設計從教室到學區層級、符合學業標準以及課綱要求的課程。她曾經擔任國際文憑組織（International Baccalaureate, IB）增修中學課程（Middle Years Programme）的設計顧問。

　　琳恩有三本由科文出版社（Corwin）出版的暢銷書：《喚醒腦、心、靈：重新定義課程與教學》（*Stirring the Head, Heart and Soul: Redefining Curriculum and Instruction*, 3rd edition, 2008）、《創造思考的教室：概念為本的課程與教學》（*Concept-Based Curriculum and Instruction for the Thinking Classroom*, 2007），以及《概念為本的課程與教學：超越事實的教學》（*Concept-Based Curriculum and Instruction: Teaching Beyond the Facts*, 2002）。她還在羅伯特・馬贊諾（Robert Marzano）於解決方案樹出版社（Solution Tree Press）出版的《教學卓越》（*On Excellence in Teaching*, 2010）一書中發表專章。

　　在運用概念為本課程設計與教學以達致深度學習的領域，琳恩是聞名國際的講師與顧問。在四十五年的職涯中，她曾經擔任教師、校長、學區課程主任、副教授而後教育顧問。

　　目前琳恩和家人住在華盛頓州艾芙瑞郡。琳恩與肯恩有兩個孩子以及崔佛與康諾兩個孫子，這兩個孫兒持續喚醒琳恩的心與靈。

洛薏絲・蘭寧（Lois A. Lanning）

　　洛薏絲・蘭寧博士，是一位獨立教育顧問，曾擔任現場教師、K-12 閱讀顧問、特殊教育老師、小學校長、學區課程主任與副教授等，在公立學校任職的最後十二年則擔任副教育局長。

　　蘭寧博士是一位獲得琳恩・艾瑞克森授證的概念為本講師培訓專家。在讀寫素養以及概念為本課程設計方面，她的演說與顧問工作遍及國際、全美與各州層級學區。洛薏絲獲頒無數獎項與表彰，除了撰寫學術論文以及教師教學資源外，其著作包括科文出版社與國際閱讀協會（International Reading Association）共同出版的暢銷書：《解救三到八年級閱讀困難的四個有效策略：幫助理解的小團體教學》（*Four Powerful Strategies for Struggling Readers, Grades 3-8: Small Group Instruction that Improves Comprehension*, 2009）；科文出版社出版的《設計概念為本的英語文課程：符合課綱標準與智識整全性》（*Designing a Concept-Based Curriculum in English Language Arts: Meeting the Common Core with Intellectual Integrity, K-12*, 2013），以及在萊絲莉・勞德（Leslie Laud）於科文出版社主編的《科文精選：讀寫能力、數學與科學的差異化教學》（*The Best of Corwin: Differentiated Instruction in Literacy, Math, and Science*, 2001）一書中撰寫專章。

　　洛薏絲的嗜好包括閱讀、騎單車、健行以及旅行，目前她和先生住在康乃狄克州雅芳鎮，有兩個孩子和兩個全心鍾愛的孫子——克里斯多福與萊恩。

About the reviewer
關於審閱者

劉恆昌　博士

　　曾任公立國高中代課教師，現任職實驗教育機構。進入教育場域之前，歷經台灣松下、渣打銀行、奧美廣告、KPMG、友訊科技及 Resources Global Professionals 台灣總經理等工作歷練。在這些以人為核心的工作經驗中，自省而發現學校教育對思考、溝通、協作、領導，以及態度、情緒與自我調節等悠長人生所需能力的培養不足。因而投入國民教育，致力於課程設計並轉化學生的學習歷程，引領學生思考、反思，進而對知識與技能獲得深入理解以利學習遷移，同時在協作中進行學習任務以涵養溝通、領導、自我調節、內在動機、恆毅力等非認知素養。

　　為了追求教育改善的夢想，恆昌於天命之年修得國立臺灣師範大學教育學博士，並取得「概念為本課程與教學獨立講師與培訓師」認證，經常為各級教師開設工作坊與培訓課程。在此之前他擁有紐約市立大學柏魯克（Baruch）學院企管碩士以及國立成功大學企管學士，他同時是一位美國註冊會計師。

About the translators
關於譯者

李秀芬　博士

　　教學觀具濃厚的「學生中心」與「建構學習論」色彩，深信教學應從學生切身世界、生活經驗出發，讓學生感知學習的實際價值與意義，才能引發持續深入探究、主動建構知識的興趣與能力，進而終身追求學習成長。

　　曾於美國與台灣中小學各執教五年，秀芬深切體會不同文化的教學理念與實踐之下，培養出的學生在本質、態度與表現上的不同；也啟發她開始思考，要教出不一樣的學生，首先要解構與重建教師自身的思維、信念以及教學實踐。回台之後，教學關注於啟發學生自主性思考與主動掌握學習，更感受到這一代學生蓄勢待發的自主性與能動性，以及經由自主學習而重燃對學習的熱愛與對人生主動規劃的熱切期待。

　　2017 年經由 IB 課程而認識概念為本的教學理念，驀然發現這就是把學習主控權還給學生的具體實踐；在概念為本的課堂中，準備充分的教師並不多言，只是不斷拋出精彩的問題，引導層層深入探究，而學生則忙碌又欣喜的享受建構自己學習的喜悅。這——才是改變孩子一生的學習！

　　秀芬修得美國猶他大學教育碩士暨國立臺灣師範大學教育學博士。曾任職美國、台灣小學以及竹科實驗中學雙語部，現任國立臺灣師範大學師資培育學院兼任助理教授。

林曦平　博士候選人

現於國立臺灣師範大學教育學系攻讀博士，曾參與甄曉蘭教授主持的國際文憑教師表現指標之跨國共構與素養導向師資教育之在地應用研究計畫，以及有關高中教師素養導向課程與教學教師專業增能培訓計畫之執行。

七年前的因緣際會使曦平成為台商學校地理兼課教師，她充分運用學校給予的教學自由和彈性，精心設計課程內容，帶領學生進行主題探索、議題討論、地方與異國手作美食等多元活動。這段經歷開啟她對教學工作的好奇與熱忱，也激發她對課程設計、學習活動規劃、教學資源材料運用的思考。為了能夠更進一步充實自己在教育理論與教學專業的不足，她決意朝向教育領域深造，期許未來能夠對台灣教育的現況與挑戰有所貢獻。

進入教育學術領域前，曦平畢業於美國哈佛大學都市規劃碩士，於台灣、美國、中國等地從事都市規劃工作，曾參與不同規模的都市開發項目並獲得國際競賽的肯定。

李丕寧　博士候選人

生長在三代女性校長之家，自小接觸教育人。臺中女中畢業離台之後，走遊在不同國家的文化和教育制度，對社會脈絡、經驗互動和「人」的形塑深感好奇。1980 年代在加拿大遇見建構教學理論和 IB 課程，深深著迷，並於 1996 年引薦加拿大不列顛哥倫比亞省教育局的 IB 課程至台灣教育部，可惜未被接納。

2014 年創辦濯亞國際學院實驗教育機構，擔任校長。濯亞參考哈佛零點計畫（Project Zero），以板橋版國語科及芬蘭數學科兩大學科課本為經緯，編織濯亞校本課程設計，期待建立一所教師、學生和家長都是學習者的慎思練習（deliberate practice）學校。

2018 年受劉恆昌博士的鼓勵，接受由艾瑞克森博士與蘭寧博士主持的概念為本課程和教學的培訓，取得「概念為本課程與教學獨立講師與培訓師」認證。目前積極培育校內及校外教師參與概念為本課程設計，期待藉由精進概念為本的課程研發及教學，能夠對 108 素養導向課綱及 OECD 2030 幸福導向的教育目標，找到可行之路徑。

丕寧是三個孩子（其中兩位是 IB 學生）的母親，曾擔任教育管理公司負責人、溫哥華 Magee 高中課程委員並任職加拿大航空。她擁有三張碩士畢業證書，目前是國立臺灣師範大學教育研究所「課程設計及教學教法」博士班學生。

Foreword
前奏

　　是什麼讓我們繼續當老師？是什麼把教學變成世上最棒的工作？被問到這些問題時，許多老師會談起學生眼中綻放的光芒，或學生真正「想通」時「啊哈」的一刻。過去幾年來，琳恩・艾瑞克森和洛薏絲・蘭寧給了我個人不少「啊哈」時刻，她們幫我看見如何有助於學生「想通」、讓學生投入學習，並瞭解如何遷移而應用知識、理解和技能來迎接複雜的全球性挑戰。回顧 1980 年代我還是個學童時，我學了「同位素」——跟我的老師小時候一樣死記硬背的學了。雖然我的自然科學 / 化學考試都考得很好，但我從來沒弄懂什麼是「同位素」，也不懂為什麼要學這個東西。直到二十三歲，我成為自然科學教師，也開始教「同位素」時，我試著把當年抄寫的筆記傳遞到學生的腦袋，但我意識到他們根本不懂。循著科學家運用模型得以更清楚解說現象的方式，我思索元素週期表中的模式，進而注意到「同位素」在日常生活中其實很有用——如食物保存、健康維護等。我的「同位素」教學轉化了，我自己的理解也轉化了——不再倚賴 1980 年代老師要我逐字照抄的筆記，我現在完全瞭解「同位素」了！這正是概念為本（concept-based）教學與學習的轉化效應：理解、應用和投入的程度都導向更加滿意的師生經驗。

　　2009 年，國際文憑組織（IB）的中學課程（MYP）團隊正為了採取哪種方法以支持並輔導教師們設計概念為本教學相持不下。當時我們回顧了兼重理論與實務的文獻，其中琳恩・艾瑞克森的研究特別引起我們的共鳴。我們的團隊深獲啟發，進而為教師發展出一套展現概念為本教學不同規劃層次的規準——本書為我們的想法帶來令人振奮的發展。不僅有艾瑞克森嘗試且

17

驗證過的概念為本學習模式與架構，更包括蘭寧對發展中概念為本的教師與學生極有助益的規準；這些規準有助於學校將艾瑞克森和蘭寧的理論付諸實踐，可供教師與學校行政人員修改運用，也是學生進行學習反思時可能產生深度回饋的有用工具。

從 2011 年開始，艾瑞克森以主要和相關（key and related）概念，或稱宏觀與微觀（macro and micro）概念為中心的模式顛覆了教師教學設計的方式，已經對「更新更好的」IB 中學課程產生了重大影響；但一直到檢視學生學習的所有學科並注意到蘭寧的影響時，我們才看出全貌。蘭寧的「歷程性結構」是艾瑞克森的「知識性結構」的完美補充，並在解說語言等歷程導向學科的發展時扮演特別關鍵的角色。想像一個單元包含以下的概念性理解：**藉由細節的選擇和風格的選用，作者的意圖可能用來引發同情心、同理心或反感**；你很快可以看出作者使用豐富而幾近無限的方式來說明其中蘊含的概念，然後看到學生如何遷移他們對策略與歷程的理解。

在 IB 大學預科課程（Diploma Programme）的歷史課中也看得出艾瑞克森和蘭寧在本書討論的範式轉移（paradigm shift），2015 年之後的歷史課程明確聚焦於變遷、連續性、因果關係、後果、觀點與重要性等主要概念（key concepts）。歷史課程在先前的幾個版本都是提供一份規定的戰爭清單，以便選擇教授 20 世紀戰爭這個主題的教師進行詳細的事實性學習。未來的 IB 歷史課程，將以主要概念作為概念「透鏡」（lens）或焦點，讓教師運用跟學生及情勢特別有關、且能引發興趣的特定戰爭為基礎來發展概念。重要的是，範式轉移也徹底實踐於課程的評量，例如，要求學生寫一篇小論文探討在學過的某一場戰爭中，意識形態或宗教構成戰爭主因的程度，然後回答以下問題：「為何由意識形態或宗教主導的衝突特別難以解決？」又例如在語文課中，可以針對幾位特別選定且風格迥異的作者，要求學生評估他們如何在敘事中運用文學技巧營造懸疑氣氛。以上只舉出兩個例子，但已清楚展現邁向概念為本的範式轉移，對教師和學生的經驗帶來令人興奮的可能以及正向的

影響。當學生運用綜效性思考來面對攸關生活的挑戰時，自然能夠吸引學生投入學習。

　　對於已經被學生展現出的綜效性思考與深度概念性理解激勵的教師們，這本書適切融合了理論與實務，展示以高水準課程為基礎的優質教學足以支持並深化學生對知識和歷程兩者的概念性理解，並且對所有教育工作者都有助益。本書以處處可見的規準與示例讓我們看見更多學生眼中綻放的光芒，這正是黎明時刻喚醒我們起床，並繼續向前的動力來源。

　　　　　　　　　　　——麥爾孔・尼可森（Malcolm Nicolson）
　　　　　　　　　　　國際文憑組織（IB）大學預科課程開發主管

Acknowledgments
謝辭

寫書源自我們對本書主題的熱忱，但如果少了家人的愛與支持，以及過程中眾人貢獻的意見與鼓勵，我們不可能順利完成這本書。我們特別要向以下人士致意，感謝他們細心推敲全書並提出改善的建議：

康諾・卡梅隆（Connor Cameron）──感謝他從學習概念為本自然科學的學生角度，分享深具洞見的反思。

譚雅・埃爾默（Tanya Elmer）──感謝她以引人入勝的概念為本自然科學單元，展示學生必須知道什麼、理解什麼以及會做什麼之間的連結。

派翠夏・尤斯特斯（Patricia Eustace）──感謝她設計出讓全世界外語教師感到興奮的概念為本示範單元。派翠夏的外語單元收錄在本書附錄資源 D 中。

佛朗芯・艾文思（Francine Evens）──感謝她決意為音樂老師們發展歷程導向的概念為本課程單元與教學單元。佛朗芯持續的對話、現場試驗和周密的反思幫助我們的學習更上層樓。

卡梅拉・菲爾（Carmella Fair）──感謝她提供傑出的高中數學方程式與方程組單元。卡梅拉清楚展現怎樣幫助學生理解如何運用方程式以重現真實的生活情境。在不斷尋求優質概念為本課程模組的數學領域中，卡梅拉還貢獻了實用的圓周與直徑教學單元計畫。

潔奈・霍克特（Janelle Hockett）——感謝她在學區中堅定承諾概念為本的課程與教學，十多年來她實踐概念為本的故事訊息豐富又鼓舞人心，詳見第九章。

凱倫・李斯特（Karen List）博士——感謝她從不吝於分享豐富的教育專業，為本書呈現精采的概念為本藝術單元設計。此單元亦收錄於附錄資源 C。

瑪西雅・盧康（Marcia Lukon）博士——感謝她決心設計出支持有效教學及持續改善學習的教育系統。在第九章中，瑪西雅說明了順利實施概念為本課程的關鍵早期步驟。

卡拉・馬修（Carla Marschall）——感謝她為概念為本教學單元設計提供有用的意見。卡拉運用概念為本課程及教學設計出全心投入且思慮縝密的作品，使她成為旅程中的重要「諍友」。

瑪莉・皮特曼（Mary Pittman）博士——感謝她對全書數學章節的編審和建議，以及科羅拉多州參與科羅拉多學區示範課程計畫的多位教育工作者對數學通則的協助。

金姆・洛斯特（Kim Rost）——感謝她在第九章分享了概念為本的課程與教學如何影響愛荷華州教育的願景。她的勇氣令人敬仰，也成為我輩致力於教育改善的榜樣。

Publisher's acknowledgments
出版社謝辭

科文出版社誠摯感謝下列參與者的貢獻：

凱倫・柯育奇（Karen Creech）
維吉尼亞州里斯堡
可托克汀小學五年級教師

貝蒂・瑞維納斯（Betty Rivinus）
奧勒岡州坎比市
坎比學區學習專家 / 自閉症顧問

卡若・史賓賽（Carol Spencer）博士
佛蒙特州弗金斯城
愛迪遜西北督導聯盟 K-12 課程主任

羅伯特・瓦隆（Robert Wallon）
伊利諾州香檳市
伊利諾大學香檳分校課程與教學研究所學生

To Chinese version readers
致繁體中文版讀者

　　多到教不完──時間不夠！教育工作者都知道，當學生企圖記住超過腦中能夠留存的資訊時，幫助學生深入思考就是不可能的任務！資訊飆速成長下，我們如何把課程與教學設計變得更有效率？本書及心理出版社出版的概念為本課程與教學系列叢書將提供你具體作法。

　　我們（琳恩‧艾瑞克森和洛薏絲‧蘭寧）花了超過三十年工夫思索、實踐、撰述如何創造優質、嚴謹的課程與教學模式，以吸引學生從事實與技能的學習中投入概念層次的思考。我們的目標是幫助老師們從教完事實與技能這種低層次模式轉移到教會深入概念性理解，以及穿透時間、跨越文化與情境而遷移理解的高效能思考模式。

　　讀者開始閱讀本書之前，我們先一起來探討以下問題，以快速回顧什麼是概念為本：

什麼是概念為本的課程與教學？

　　概念為本的課程用學科概念與通則來建立學科領域中事實性知識與主要技能的架構，是一種三維度的課程設計模式；而傳統的二維度課程與教學模式僅注重主題與技能。

　　概念為本的教學啟動細緻複雜的思維，因而需要會思考的教師跟會思考的學生。教師用知識與技能作為工具，幫助學生對可遷移的概念與通則達到深入理解。換言之，教師運用事實與技能作為基礎以建立深入的概念性理解，而概念性理解使學習得以遷移。

概念為本課程模式的歷史為何？

琳恩·艾瑞克森：1987 年那時，我正擔任一個大型學區的課程主任。我參加了一個主題為「科學中的概念」的工作坊，進而瞭解了所有學科中概念與概念性理解至關緊要。往後八年間，我帶領各學科各年級建立概念為本的教學單元。1995 年，我完成了第一本概念為本課程設計的專書《喚醒腦、心、靈：重新定義課程與教學》（*Stirring the Head, Heart and Soul: Redefining Curriculum and Instruction*），之後，我追隨熱情離開學區工作，成為課程顧問與研討會講師。

洛薏絲·蘭寧：我參加了 1996 年琳恩的一個研討會發表，然後就立即成為工作夥伴。她的研究反映出我一直追尋來支持高水準教學與促進學生學習的一切所需。1996 年之後，我擔任學區學校領導者推動概念為本課程與教學時和琳恩密切合作。我們長期協力改善我們的研究，加上我們夥伴兼好友的關係，孕育了目前概念為本的課程與教學模式。這套版權所有的模式的主要理念可由兩個結構說明：首先是**知識性結構**，琳恩·艾瑞克森在 1995 年創建的這個結構，主要反映了內容主導的學科領域（例如歷史和自然）的組織方式。第二個是**歷程性結構**，我在 2012 年發表這個結構來說明歷程主導的學科（如英語文與外國語文）的組織方式。這兩個結構合起來構成我們倡導的概念為本課程與教學模式。

在過去三十年間，我們以概念為本的理念培訓了世界各地的教育工作者，我們各自著述也共同寫作，多位概念為本的授證培訓師也開始寫書或跟我們合作寫書。除本書外，以下概念為本的建議書單，將讓你深入瞭解我們的研究：

● 《創造思考的教室：概念為本的課程與教學》（*Concept-Based Curriculum and Instruction for the Thinking Classroom*, 2nd edition, 2017, Corwin，本書中譯本已由心理出版社出版）：作者包括琳恩·艾瑞克森、洛薏絲·蘭寧與瑞秋·

法蘭奇（Rachel French）。是建立概念為本基礎的最新書籍，也是瞭解概念為本模式的「必讀」之書，同時提供了探索以下輔助書籍的基礎：

- 《設計概念為本的英語文課程：符合課綱標準與智識整全性》（*Designing a Concept-Based Curriculum in English Language Arts: Meeting the Common Core with Intellectual Integrity*, 2013, Corwin，本書中譯本即將由心理出版社出版）：洛薏絲‧蘭寧著。

- 《概念為本的數學：在中學課堂教出深入理解》（*Concept-Based Mathematics: Teaching for Deep Understanding in Secondary Classrooms*, 2016, Corwin，本書中譯本即將由心理出版社出版）：珍妮芙‧瓦梭（Jennifer Chang Wathall）著。

- 《概念為本的探究實作：促進理解與遷移的策略寶庫》（*Concept-Based Inquiry in Action: Strategies to Promote Transferable Understanding*, 2018, Corwin，本書中譯本即將由心理出版社出版）：卡拉‧馬修與瑞秋‧法蘭奇合著。

- 《概念為本的讀寫素養教學單元：設計學習以激發理解與遷移》（*Concept-Based Literacy Lessons: Designing Learning to Ignite Understanding and Transfer*, 2018, Corwin）：洛薏絲‧蘭寧與蒂芙妮‧布朗（Tiffanee Brown）合著。

為何概念為本對教學與學習至關緊要？

- 概念為本的課程與教學連結學生的新知識與舊知識，因而建立了學生個人的攸關性。

- 學生在事實層級與概念層級都處理過資訊，事實性知識因而在腦中留存更久。

- 概念為本模式吸引學生在事實／技能層級與概念層級都投入智能，形成了「綜效性思考」。

- 學生在多重示例中看見概念性關係的應用，藉以深入瞭解歷程、策略與技能。
- 教師得以將快速發展的課程緊實的壓縮在各學科領域的重要概念、原理與通則中。

概念為本叢書如何輔助教師、課程設計者及教學輔導教師？

　　除非教師瞭解**知識性結構**（艾瑞克森）與**歷程性結構**（蘭寧）中的構成要素，也瞭解這兩種結構的要素如何共同作用，概念為本的課程不可能在課堂上順利實施。這兩種結構顯示如何設計課程與教學，以吸引孩子在智識面與情感面投入學習。我們相信，研讀我們的書籍，運用實作以及與其他概念為本學習者的協作，將賦予小學、中學乃至大專等各級學校所有的行政人員與教師促進教育轉型所需的資訊。書中富含各學科領域與年級的課程單元與教學單元範例，還有設計模板與建議來協助教師規劃課程與更多應用，多麼希望我們以前在課堂教學中有這些工具啊！

琳恩・艾瑞克森博士與洛薏絲・蘭寧博士

2021 年 6 月 17 日

Recommendation for the Chinese version
中文版推薦文

　　面對社會變遷、政經發展、國際競爭及全球化與人口流動的衝擊與挑戰，近三十餘年來，台灣的教育改革不曾間歇，高級中等以下學校教育，歷經了新課程標準修訂、九年一貫課程改革、九五課綱實施及十二年國民基本教育新課綱的推動等。無論是導入建構教學理念、重視基本能力的培養、鼓勵跨領域統整課程設計、或強調素養導向的教學與評量，無不期望能改善教育沉痾、開展新的教育實踐，藉以接軌世界、迎向未來，培育新世代具競爭力的人才。然歷來的課程改革訴求與教學革新呼籲，不僅挑戰了傳統學科課程組織與教學設計思維，也顛覆了教師習以為常、視為理所當然的教學實踐與學習評量方式，無可避免地，自然對教師帶來極大的教學衝擊。若要實現改革理想、落實革新訴求，必得要幫助教師瞭解全球教育發展趨勢、看見學校教育實務改變的重要性與必要性，才有可能觸動教師教學信念的調整及教學方法的更新，逐步改弦更張的實踐未來發展導向的課程與教學。

　　當前台灣刻正戮力推動實施的十二年國民基本教育 108 新課綱，在全球各地積極建構 21 世紀核心能力的教育發展脈絡下，延伸了九年一貫課程「培養學生帶著走的能力」之改革理念，進一步**以「核心素養」作為新課綱發展的主軸**，倡議實施「素養導向」的教學與評量革新，期望**以更寬廣和豐富的教育內涵**，幫助學生養成 21 世紀所需的實踐力行知能與特質。其中特別呼籲教師的教學不應以「學科知識」為學生學習的唯一範疇，而是要更多關照學習的歷程、方法及策略，連結真實生活情境，建立有意義的學習，並且要加強學生的自主學習，促進知識概念的應用與遷移，培養學生「適應現

在生活及未來挑戰所應具備的知識、能力與態度」。就此,「當如何預備並增能教師,來實現 108 新課綱所倡導的素養導向教學與評量理念?」便成為當前教師專業成長的重點,也是社會各界積極關注的焦點。

畢竟,以學生「能力發展」為主軸的「素養導向」教學與評量,與傳統的「知識傳遞」教學觀有極大的差異,乃是強調「知識建構、概念理解與遷移」的學習觀,因而無論在學生學習目標/成果的設定、學生學習任務與教師教學策略的設計、教學情境與教室文化的經營以及學習表現評量暨學習歷程檔案的規劃等方面,教師都必須要打破既有的框架,改變原有的習慣,才有可能更新過往以教師解說為中心的講述教學方式,轉向鼓勵學生探究為導向的學習指引與輔導方式,為學生創造出不再一樣的學習機會與經驗,養成新課綱所勾勒的必備核心能力與素養。換言之,教師本身在教學中也就必須展現溝通合作、批判思考、問題解決、資訊溝通科技應用等能力素養,有效搭建學習鷹架,引導學生在參與知識的建構過程中,產生概念的理解與能力的發展;更重要的是,教師也要能夠設計探究與實作任務,透過探究學習歷程,啟迪學生高層次思考、開發學生的潛能,激勵學生自主學習,使學生具備建構或創造知識以及解決問題的能力。

然要預備教師具備實施「素養導向」教學與評量的知能與意願,並非易事,不但要幫助釐清「素養」的內涵,也要協助理解並掌握素養導向教學設計要領、教學實施策略與評量方式,更要激發教學創新熱誠,願意與時俱進的有新的教學嘗試與突破。這幾年因緣際會有幸參與了跨國合作建構國際文憑學程(International Baccalaureate Programs,簡稱 IB)教師表現指標研究計畫,過程中與研究團隊夥伴(李秀芬博士、林曦平助理/博士生、李丕寧校長等)一起研讀相關研究文獻與 IB 文件,有機會得以深入瞭解 IB 教育理念、學程標準與實施要求及教學實踐原則,獲得不少有關 21 世紀教師必備知能、態度與價值的啟示,發現許多 IB 教育理念、教學原則與實施要領,可供活化教師增能培訓內涵,作為強化「素養導向」教學實務知能的參

考[1]。在研究過程中，也發現 IB 學程標準與實施要求深受琳恩‧艾瑞克森「概念為本的課程與教學」（Concept-based Curriculum and Instruction）理念[2]的影響，而 IB 的課程單元教學與評量計畫更是以葛蘭特‧威金斯與杰伊‧麥克泰格（Grant Wiggins & Jay McTighe）所推展的「重理解的設計」（Understanding by Design, UbD）[3] 為指引，反映出對發展學生概念理解與應用遷移能力的高度重視，而這也正是當前實施素養導向課程與教學所亟需對焦的重點。

　　基於有前述 IB 教師專業表現指標之研究經驗，對 21 世紀教師所需具備的專業知能與特質有進一步的認知，對教師在「素養導向」課程的實踐層面也多了些不同以往的教學專業表現期待。於是斗膽的接受國教署高中職組的邀請，自 107 年 8 月起擔任國教署普通高級中等學校課程推動工作圈的召集人，負責教師專業培力的工作策略規劃與執行，協助普通高級中等學校各學科中心推動 108 新課綱所需之專業增能與研發事務等。相關工作推動之初

1　基本上，IB 學程對學生需要培養的特質與能力素養，訂有明確的目標架構（Learner Profile），包括積極探究、知識淵博、勤於思考、善於交流、堅持原則、胸襟開闊、懂得關愛、勇於嘗試、全面發展、及時反思等十項 21 世紀世界公民所當擁有的特質與素養。IB 教師須透過以學生為中心的學習過程，幫助學生習得並發展「溝通」、「思考」、「社交」、「自我管理」及「研究」等五個向度的學習方法與能力（Approaches to Learning）。另外，IB 教師也必須要參照能力發展導向教學實踐原則（pedagogical principles）進行教學設計與實施，包括：強調探究為本的教學（inquiry-based）、著重概念理解（concept-driven）、著眼於在地化與全球化的發展（contextualized）、重視有效的團隊任務與協作（collaborative）、滿足學生學習需求的差異化教學（differentiated）以及善用形成性與總結性評量結果來回饋教學、促進學習（assessment-informed）等六大原則。若欲進一步了解 IB 學程的特色與內涵，相關文件可在 IBO 官方網站（www.ibo.org）搜尋並下載。

2　可參閱：Erickson, H. L., Lanning, L. A., & French, R. (2017). *Concept-based curriculum and instruction for the thinking classroom* (2nd ed.). Thousand Oaks, CA: Corwin.；劉恆昌（譯）（2018）。**創造思考的教室：概念為本的課程與教學**。新北市：心理。

3　可參閱：Wiggins, G. & McTighe, J. (2011). *The understanding by design guide to creating high-quality units*. Alexandria, VA: ASCD.；賴麗珍（譯）（2015）。**設計優質的課程單元：重理解的設計法指南**。台北市：心理。

始，便以化解疑慮、減少抗拒，有效幫助高中老師瞭解新課綱精神、清楚掌握學科本質與領綱所揭示的學習重點（含括學習表現與學習內容）為首要目標。於是帶動各學科中心研究教師發展學科課程地圖，從領綱所訂定的「學習內容」萃取重要的概念與主題，並從「學習表現」萃取重要的能力，研擬出「學科課程概覽圖」與「教學行事曆為本的課程地圖」，透過不同的圖示表徵形式，綱舉目張的呈現各學科課程目標與學習重點的關係架構，及相關學習進程的規劃邏輯，作為進一步推展素養導向教學設計與實踐的媒介，讓老師可以一目了然的完整掌握高中教育階段各學科的課程圖像與完整的學習內涵，進而針對重要概念與能力，尋找可融入議題的單元或可進行課程統整（同學科、跨學科）的契機，規劃出「概念理解」、「能力發展」為本的教學與評量方案，達到「素養導向」的教學轉化與實踐成效。

同時，為了有效推展素養導向教學，也針對高中學科中心研究教師與種子教師，辦理了一系列有關「素養導向教學設計與實踐」的增能工作坊，包括：素養導向教學設計的理念思維與方法應用、概念的萃取與核心問題的研擬、探究學習教學方案的設計、教學策略與學習機會的營造、學習表現評量與學習歷程檔案等。為使工作坊更貼近教師所需、納入更多教學實務面向的思考，相關工作坊的規劃與執行，特別邀請曾任新竹科學園區實驗高中雙語部主任、具豐富高中教學經驗的李秀芬博士參與協作，一起帶著學科中心研究教師與種子教師合作探討相關理念之實務應用，並就素養導向教學的設計思維與實務操作進行演練與分享回饋。過程中，發現對學科專家教師而言，最大的挑戰乃是掌握學科知識內容的教學重點之餘，還要從中萃取核心概念、據以研擬核心問題作為學生探究學習的鷹架，因此必須適時提供實際示例與參考材料來輔助說明，並作為參與工作坊教師在實務演練時的運思材料。於是在工作坊中引用了不少國外的素材與實例，還特別請秀芬博士和曦平助理將之翻譯成中文供教師參考使用。其中，便包括了琳恩·艾瑞克森與洛薏絲·蘭寧所合著《邁向概念為本的課程與教學：如何整合內容與歷程》

一書中所附的各科教學單元設計實例。

　　引介使用該書範例過後，發現對老師理解核心概念的萃取、核心問題的擬定及完整教學單元的設計思考等確實有極大的幫助。於是便鼓勵秀芬和曦平或可合作將全書翻譯成中文，好讓更多老師可以認識概念為本的課程與教學理念實務，並從中理解概念為本、素養導向的教學設計步驟與要領。然要翻譯該書必須獲得琳恩・艾瑞克森與洛薏絲・蘭寧授權，而且必須要充分瞭解概念為本的課程與教學理念內涵的才能勝任，經與國內取得「概念為本課程與教學獨立講師與培訓師」認證的李丕寧校長及劉恆昌博士討論，四人決定共同翻譯此書，並由曾經翻譯《創造思考的教室：概念為本的課程與教學》一書的恆昌博士進行總校閱。又有一本極具參考價值、兼顧理念與實務的概念為本課程與教學專書翻譯成中文，真是美事一樁。即便翻譯是極為辛苦的差事，但有更多老師能從中受惠，獲得設計靈感與教學啟發，也就值得。

　　邁向概念為本、素養導向的課程與教學，不只是學理上的論述，也不應是政策上的口號，必須轉化成為教學實務上的行動，才能讓學生在「不再一樣」的教與學經驗中，建立學習意義，習得迎向未來的能力素養與特質。而這也是成為 21 世紀教師的我們，所不可逃避的專業責任。期待我們都能有更寬廣的教育視野與教學信念，前瞻、勇敢的更新教育思維與教學方式，一起開展「未來發展導向」的教學實踐新契機與新風貌。

甄曉蘭

誌於國立臺灣師範大學教育學系

2021 年 6 月 30 日

Translator's foreword
譯者序

　　始於概念為本而邁向素養導向，是我們看到實踐 108 課綱各學科領域與年級課程、教學與評量的具體路徑。在知識爆量、科技翻新的當代，為了培育出能夠自信的面對 21 世紀挑戰的國民，從知識與技能中提取概念、建立通則，發展課程與教學來培養學生深度且可遷移的理解，是成就素養唯一的道路。本書以深入淺出的解說與實際範例，提供明確可依循的實踐藍圖，是我們選擇翻譯此書的初衷。

　　四位譯者中，秀芬與曦平參與了臺灣師大國際文憑學程（IB）教師表現指標研究計畫，因 IB 教學理念中強調的概念化思維而深受概念為本課程與教學啟發；丕寧在濯亞國際學院實驗教育機構，致力於實踐促進學生思考的概念為本課程與教學目標，希望本書可以做為所有老師們精進概念為本課程設計與教學的參考；而恆昌則因教學經驗與理念契合，進而投入概念為本的倡導與系列書籍翻譯。本書中，秀芬負責翻譯前奏、序曲以及第一到第四章和第七到第十章。丕寧翻譯第五章，曦平翻譯第六章以及資源部分；恆昌則統整譯詞、譯文風格並校閱全書。

　　本書前四章詳述概念為本的知識性結構與歷程性結構等基本架構。第五章開始將概念為本的教學理論逐步置入實務脈絡，從教師、學生、教學輔導教師到學校和學區領導人的角度，深入探討概念為本教學對不同角色的意義，並提供規準以供導入與運用的實務參考。

　　第九章學區領導人的概念為本教學實施故事，是秀芬在翻譯過程中最大的挑戰。這些真實故事中提到的脈絡必須經過一再考證，以確認譯文的正確

性與真實性，例如當地學區的組織架構、教育政策與制度、事件的時空背景
等，都必須充分求證才能確定；但這也是書中最具真實故事脈絡性的一章！
經由三位學區領導人，回溯在不同場域推動概念為本課程與教學所經歷的困
難與成功要件，為學校行政主管與學區決策階層提供了以概念為本課程與教
學邁向素養導向可能面對的挑戰以及所需的因應對策。

　　而資源部分的翻譯涉及數學與自然等知識導向，及藝術、外語與音樂等
歷程導向的課程設計，曦平苦心查找資料、多方徵詢得以譯出初稿，恆昌則
繼續覆閱與查證，以確保概念的譯詞與該學科國內既有譯詞一致，而學習經
驗的描述更需要與國內各學科領域的實作用語相通。所幸有國立竹科實中雙
語部陳立業老師協助校閱數學範例，任教濯亞國際學院的哥倫比亞大學音樂
碩士李志怡老師悉心校閱，加上心理出版社陳文玲執行編輯鉅細靡遺的提醒
與建議，必定更加精準的傳達本書作者原意。儘管如此，翻譯與校閱的疏漏
在所難免，也請讀者不吝告知，讓我們有機會修正。

本書的意義與價值

　　本書除說明概念為本的理論架構外，亦分享了 2010 年美國各州共同核
心標準（CCSS）實施後，採納概念為本的學區的導入經驗與教案分享。另
如本書前奏所述，概念為本更獲得 IB 組織青睞，選用為課程教學之設計架
構在世界各地 IB 學校廣為實踐。在台灣新課綱上路之際，我們相信概念為
本系列書籍將提供許多可借鏡的經驗；不只在個別教師的課程與教學層面，
如同前述，第九章所分享的學區層面的概念為本課程導入經驗，更可作為台
灣縣市教育局處實施新課綱的參考。

　　其次，本書係洛薏絲‧蘭寧提出歷程性結構之後，與琳恩‧艾瑞克森首
次合著的書籍，因此書中對歷程與內容知識如何結合多有著墨，對國語文、
英語文、藝術、音樂、體育等歷程導向學科頗有參考價值。對於《創造思考
的教室：概念為本的課程與教學》的廣大讀者，本書最大特色在於不只針對

教師，同時納入學生、校長、學區（教育局處）在實踐概念為本中的角色，以下部分更補強了《創造思考的教室》的內容，包括：第三章強調數學是概念而非運算導向的學科，第七章闡述了概念透鏡、綜效性思考、歸納式與演繹式教學及引導問題等特色。而資源中提供的課程設計範例也補強了《創造思考的教室》的學科範例。

　　翻譯這本書是一趟精彩的學習之旅，除了概念為本課程與教學的實施方法外，更希望能傳達原作者對教育人員的殷殷企盼。我們衷心希望讀者能把閱讀心得轉化為 108 課綱素養導向的課程設計與教學實踐，以嘉惠莘莘學子！最後，秀芬要感謝先生 Josh 無怨無悔的支持並時時提醒坐久要動一動，以及父親在病榻上豎起大拇指的肯定。曦平要感謝先生 Wei 撐起家中的經濟重擔，以及 Bin 與 Lei 兩個貼心小幫手，讓曦平能夠全心全意投入翻譯。丕寧要感謝 Wayne、Jessica、Edrick、Erika 等家人的支持。而恆昌要再次感謝妻子慧玲的包容與支持，以及譯者們絞盡腦汁，用無數時間搓磨出這本奉獻於未來教育的譯書。

李秀芬・林曦平・李丕寧・劉恆昌　合撰

Introduction

序 曲

你如何判斷孩子正在**思考**？從孩子的眼中可以看出來。他的眼睛張得大大的，看著你，但他真正關注的不是你，而是內在的思考；從雜亂的思考中領悟時，孩子的眼睛會亮起來。身為教師，我們希望整天、整學年都看得到孩子眼中的光芒。那是腦筋開竅的信號。但我們對「腦筋開竅」的看法又是什麼呢？就傳統事實主導的課程以及相應的評量而言，一般人會覺得事實性知識的廣度可以判斷腦筋是否開竅；但是，在這全球相互依存的年代，待解決的複雜問題日益增加，對「腦筋開竅」的看法也在改變。現在，我們期待在孩子眼中看到的光芒，代表了對構成並反映學科重要內容的概念與重要想法有深入而透徹的理解。

本書宗旨

本書宗旨在於提出傳統的課程與教學模式所需的改變與支持的論點。傳統「教完內容」的模式（content coverage model）有以下重大的缺陷：

- 不符合腦部尋求模式與建構意義的相關研究結果；
- 沒有積極回應「學科專家知識的證據來自於深入理解由事實性內容**支持**的概念、通則和原理」的相關學習研究（Anderson & Krathwohl, 2001; Bransford, Brown, & Cocking, 2000）；
- **假設**教導事實性知識與技能，就足以對學科的基礎概念、通則和原理產生深度理解；
- 未能適切處理知識爆量的問題，導致教育工作者產生「趕進度」的焦慮；
- 未能支持高層次知識與技能穿透時間、跨越文化與情境的遷移。

　　跟作者們之前的幾本著作一樣，本書提供概念為本課程與教學的倡議者更進一步的支援。概念為本的課程與教學由探究主導（inquiry driven）並以想法為中心（idea-centered）。它超越事實與技能的記憶，並加上概念與深入的概念性理解而形成關鍵性第三維度。這些概念性理解能穿透時間、跨越文化與情境而遷移，因而促進了從相似的想法、事件或議題間看出模式與關聯的能力。

對象

　　本書彙集了琳恩・艾瑞克森博士和洛薏絲・蘭寧博士二十多年來對概念為本課程與教學的工作成果。兩人以教育工作者、作家與國際性顧問等身分致力於協助教師、課程領導人、教學輔導教師與學校行政人員瞭解概念為本課程與教學的威力。本書為師資培育生與在職進修教師提供了大學部最嶄新尖端的課程設計，同時也推薦給希望學生獲得深入概念性理解的大學各科系教授。

　　本書詳盡解說適用於幼兒園到十二年級，甚至更高年級各學科領域的概念為本課程與教學，但還遠不止如此……

各章概覽

　　第一章中作者們回顧了 1960 年代迄今課程設計的擺盪並發表個人觀點，接著討論以內容為學習目標的傳統設計模式的貢獻和先天問題，最後簡

短概述概念為本的課程設計模式，以及和注重進度的傳統課程與教學模式之間的差異。

第二章中比對了傳統的二維度課程模式與三維度的概念為本模式，前者聚焦於事實性知識與技能，後者則聚焦於以相關事實和技能**為基礎**的深入概念性理解。本章也結合了琳恩・艾瑞克森的知識性結構（Erickson, 1995）和洛薏絲・蘭寧的歷程性結構（Lanning, 2013），讓教育工作者開始擁有互補的模型以應用在內容導向（content-driven）和歷程導向（process-driven）的科目中。

琳恩・艾瑞克森在她的第一本書《喚醒腦、心、靈：重新定義課程與教學》（1995）所發表的知識性結構圖，反映出 1950 至 1960 年代歷史上頗受尊崇的教育研究者與課程領袖西爾得・塔巴（Hilda Taba）所表達不同層級的知識之間的關係。塔巴是「選擇關鍵內容作為深度概念性理解的基礎」的早期倡導者。她把這些概念性理解稱為「主要想法」（main ideas）（Taba, 1996），在知識性結構中則稱為通則與原理。

洛薏絲・蘭寧在 2013 年出版關於歷程性結構的書中延伸了艾瑞克森的研究，並說明英語文、視覺與表演藝術和外語等強調歷程的學科，具備由歷程、策略與技能、概念、通則和原理等建立的結構。歷程性結構是知識性結構的良伴。就美國強調的英語文和數學各州共同核心標準（Common Core State Standards, CCSS）以及公布不久的新世代科學標準（Next Generation Science Standards, NGSS）而言，兩者都要求對內容和歷程獲得深度概念性理解，因此本書的出版不但及時、且具有重大意義。除了美國日益重視概念性深度與概念性理解的重要性之外，世界各地的學校以及國際文憑課程（International Baccalaureate Programmes）等特定課程方案也在嘗試採用知識和歷程的概念性結構。第二章探討了這兩種結構之間的交互影響，並回答「哪些學科最適合運用歷程性結構設計來呈現？」或是「為何被視為歷程導向的數學更適合歸入知識性結構？」之類的問題。這兩種結構都以三維度、

概念為本模式呈現，將學生的思考帶到知識、理解和技能的更深入層次。

第三章呈現艾瑞克森的知識性結構如何吸引學生投入高階層次思考、看出新知識與先備知識之間的模式與連結，並引導他們超越事實而達到可遷移理解的三維度模式。本章進而討論知識性結構如何結合課程架構的設計，加上附錄資源 A 和 B 有關數學和自然科學的概念為本教學單元，都為課程編撰者提供了有用的示範。

第四章探究了蘭寧所創、與知識性結構相輔相成的歷程性結構。歷程性結構呈現英語文、視覺與表演藝術及外語等學科中「歷程、策略和技能」與「概念、通則和原理」的關係。這些學科領域的主體扎根於歷程性結構，進而將概念性理解、策略與技能應用在知識性結構所提供的內容上。本章以各年級與不同學科領域中明確的範例為基礎，清楚解說歷程性結構中各要素之間的關係，並藉資源 C、D 和 E 提供了視覺藝術、外語和音樂等學科的完整概念為本教學單元。

第五章關注發展中的概念為本教師，並提出一套區分為新手、萌生中到專家級的規準，依據「瞭解概念為本的課程與教學」、「概念為本的教學單元計畫」（lesson planning）和「概念為本的教學」等標準，建構出特徵明確的連續進程（continuum），以協助教師和行政人員自我監控，沿著連續進程逐步進展。

第六章則探索了發展中的概念為本學生的特徵。本章設定「任務承擔」（Task Commitment）、「綜效性思考」（Synergistic Thinking）和「理解的深度」（Depth of Understanding）等標準，提供一套從新手、萌生中到高階等階段學生特徵的規準；當學生體驗為引發他們眼中光芒而設計的教學時，這套規準可以協助教師評估個別學生的進度。

第七章探究從進度導向的傳統二維度教學模式，轉變成更精妙的三維度概念為本模式所需的教學法改變。本章詳細檢視一位成功的概念為本教師必須瞭解的重點，因此本章和發展中的概念為本教師所需瞭解的規準（第五

章，表 5.2）同屬本書的核心。實施概念為本的教學時，不可能只是給教師們一套概念為本的課程，然後就去教學，因為教學的方法完全不同：教師需要具備概念為本的課程設計與教學法的深度理解，以歸納式教學為主進行不同的教學方式。傳統課程模式設計認為「綜效性思考」會自然發生，結果卻總是付之闕如，而本章則以「綜效性思考」的觀念架構起整個教學模式並詳述其中重要的理解。我們鼓勵讀者去比較傳統課程和概念為本課程設計的學習經驗以及評量任務。

第八章的焦點轉移到學校領導人和教學輔導教師。如果教學的回饋偏離概念為本的課程目的，改進的努力將立即受阻。本章提供工具和策略以確保書面課程、學生表現數據，以及為滿足學生需求而持續提供的教師技能發展等協調一致。

第九章將相關責任的討論擴大到學區的課程領導人。學區的運作必須確保學區擁有一套堅實的課程基礎結構，以持續進行教師增能。學區領導人依循充分研究過的變革階段，持續推動工作前進。

第十章簡短的彙總本書要點並思考全世界教育的未來。全球性的相互依存使所有國家的孩子都需要一種不同的教育。就確保高階思考和概念性理解的遷移而言，世人日漸肯定三維度的概念為本課程與教學模式優於傳統的二維度教育模式。歷史經驗中，如果感覺到學生的成就不如預期時，回應方式一直是撰寫更明確的內容與技能目標，通常被解讀為需要教完更多的事實性知識。這種做法就像是給老房子再塗一層新漆，我們相信這樣的回應方式沒有用，過去沒有效果，現在也不會有。我們希望本書能激發有關概念為本課程設計能力的討論，藉以提升教學與學習的標準並啟動綜效性思考，因為這是啟發腦筋開竅的關鍵。

CHAPTER

01

課程設計

從目標本位模式到
概念為本的模式

過去幾十年來，教育工作者仰賴班傑明・布魯姆（Benjamin Bloom）的教育目標分類學（Bloom, Engelhart, Hill, & Krathwohl, 1956）來編寫課程。布魯姆的分類學將認知區分為「知識」到「評鑑」等不同程度，藉以提出學校教育中思考向度的架構。課程委員會選用代表六個不同認知程度的動詞來撰寫內容知識的學習目標，在當時推動課程設計前進了一步，但似乎還有缺失：單單選擇不同程度的動詞並把它附加到一個主題上，並無法確保學生**理解**（understanding）學科中的重要概念；單有這些學習目標也不符合當代研究提出促進教學與學習的實務典範。課程設計領域還有許多工作待完成。

安德森與克雷詩沃（Anderson and Krathwohl）在 2001 年出版了更新布魯姆分類學的重要著作：《促進學習、教學與評量的分類學：布魯姆教育目標分類學的修訂版》（*A Taxonomy for Learning, Teaching and Assessing: A Revision of Bloom's Taxonomy of Educational Objectives*）。書中對布魯姆分類學提出耳目一新的分析，並且明確區分事實性知識與概念性知識，促成課程領域的大幅躍進。課程領導者經常引用他們的話：「我們藉由區分事實性知識與概念性知識，強調教育工作者必須教會概念性知識的深度理解，而非僅僅記憶片段且瑣碎的事實性知識。」（p. 42）在這本安德森與克雷詩沃主編的書中，作者們提出以下設計學習的重要需求：身為教師，如果我們自己無法區分事實層級與概念層級的知識差異，又如何能夠教會學生學習遷移與深度的概念性理解呢？安德森與克雷詩沃說明了「理解」的歷程：

當學生在即將習得的「新」知識和先備知識之間建立連結時，就表示他們理解了。更確切的說，理解是將新學的知識統整到既有的基模與認知架構中。由於概念是這些基模與認知架構的建構基礎，因此概念性知識提供了理解的根基。（p. 70）

諾曼・偉博（Norman L. Webb, 2005）發展出一套現今廣受學校歡迎的

工具，可用以瞭解漸增的知識深度（Depth of Knowledge），並設計不同知識深度的學習活動。這套工具將變化動詞（process verb）連結到回憶、技能／概念、策略性思考和延伸思考（Recall, Skill／Concept, Strategic Thinking, and Extended Thinking）四種認知複雜度，並提供運用不同程度動詞的學習活動。此研究加強了教育工作者在學習活動中刻意處理不同認知複雜程度的需求；但即使運用思考程度較複雜的動詞來撰寫學習目標，還是無法確保學生進行深入的概念性理解，原因是焦點偏重於動詞帶動的活動，而不是針對待瞭解觀念產生可遷移的理解。正因如此，艾瑞克森和蘭寧才提出以想法為中心、帶動學生從事實性知識達到概念性理解的概念為本課程設計模式。

深入瞭解概念性理解中重要本質的旅程漫長而曲折。過去這些年來，課程設計因應各方壓力迂迴前進，這些壓力來自國際競爭（1960 年代因**史波尼克**衛星發射而引起的太空競賽），或研究調查如「危機中的國家」（A Nation at Risk）（National Commission on Excellence in Education, 1983）、「第三次國際數學與科學教育成就調查」（Third International Study of Mathematics and Science, TIMSS）研究（Beaton, Mullis, Martin, Gonzalez, Kelly, & Smith, 1996）所推動的 STEMs（Science, Technology, Engineering and Mathematics，科學、科技、工程與數學）運動，以及許多其他「改善教育」的創新努力。

作者對教育趨勢擺盪的簡短回顧

琳恩・艾瑞克森在她的第一本書《喚醒腦、心、靈：重新定義課程與教學》（Erickson, 2008; first published in 1995）中創造了**概念為本的課程與教學**這個名詞。為了說明走向概念為本的課程與教學的這段旅程，洛薏絲・蘭寧和琳恩分享了她們之間近期的對話，回顧過去四十年間美國課程設計趨勢的

擺盪。這段簡短回顧提供了她們走上概念為本的課程與教學這段旅程的脈絡背景。

琳恩：洛薏絲，妳知道嗎？妳跟我合起來有將近七十五年的教育經驗。回想這些年來發生的「鐘擺擺盪」（pendulum swings）現象真是有趣。我還記得 1960 和 1970 年代如火如荼的「開放教室」（Open Classroom）哲學。當時的流行詞是**創意**。學校紛紛拆除隔間牆（或是建造幾乎沒有隔間牆的新學校）以創造開放空間來進行混齡分組與流動，根本沒有課程文件（譯按：指課程相關之指引、綱要等所有書面文件）這種東西，要不就定義含混。

洛薏絲：是啊，提到那段「開放教室」的經歷……事實上，我清楚記得曾參觀一所有著開放教室的新私立學校；它建在一片林木繁茂、風景如畫的土地上，角窗從地板延伸到到天花板，讓陽光灑進一個完全開放式的內部教室，熱情洋溢的教師們跟每一位訪客打招呼！那所學校中的學生直呼教師的名字──這是當時另一個流行的趨勢。雖然「開放教室」哲學確實有些優點，像以學生為中心的學習、混齡教室與自己調整進度的學習等，但熱潮很快就衰退。開放空間中的吵雜程度，以及缺乏對學業成就的績效責任終究使得大多數學校放棄了這個想法。

琳恩：就是在開放教室那幾年，我聽說了西爾得・塔巴的研究，她確認了概念以及「概念性主要想法」（conceptual main ideas）在課程與教學設計上的價值。當時塔巴對課程設計頗具影響力，而且從 1968 年她過世之後，她的研究與理念持續納入大學階段「課程」相關的課堂，她是概念式課程設計先驅之一。基於對概念性理解

重要性的信念，塔巴編撰了一套小學階段的社會課程。可惜在我執教的學校裡，當時開放教室運動的熱潮蓋過了塔巴的影響。當時我萬萬沒有想到，在自己的職涯中會延續塔巴的教育之道。對了，我有沒有跟妳說過，我名字前面的「H」就是西爾得的縮寫？我的父母怎麼能未卜先知日後我與她的淵源啊？！

洛薏絲： 我的確蠻好奇妳書裡的「H」代表什麼！妳還記得在 1970 年代末期，強烈反對社會以及學校「開放」的聲浪嗎？學校的圍牆再度築起，教師們都被要求一定要教完明確界定的各學科「行為目標」。這些行為目標非常詳細……例如，「學生會計算三位數乘法問題，並達到 80% 的精熟度」。我還記得曾收到一本至少 15 公分厚的閱讀手冊，裡面詳列學生必須學會的種種零散的技能！

琳恩： 對呀！我當時正在教一、二年級的混合班，記得學校給了我一大箱關於閱讀的行為目標，外加一根 30 公分長的金屬棒；我們要用金屬棒穿過薄紙板檔案夾上的穿孔，把針對閱讀目標的技能學習單裝進檔案夾裡。喔，當時我痛恨那些反覆練習虛耗時間的學習單！但是，即使我看不出這些學習單如何啟發學生的思維、或起碼的閱讀能力，我還是照指令完成了任務。回想起來，當時居然沒有任何一個學生抓起金屬棒刺傷同學，還真是蠻神奇的。

洛薏絲： 當時我最擔心的是要讓我的學生能夠讀出閱讀課程箱裡色卡正面達到某個顏色難度的內容，而且正確答出色卡背面的三個問題。每天把閱讀箱拿出來時，學生的抱怨真是一場噩夢，可是他們能達到的顏色難度又是我年終考評的一部分！我當時就覺得一定有更好的方式……

琳恩：我也記得那些色卡和背面的問題。我想它的目標是種「防範教師」
的課程（teacher-proof curriculum，譯按：國家透過專家詳盡規
範課程內容與目標，以確保課堂中課程的執行不因為教師不同而
有所差異）！到了 1980 年代初期，我們還在撰寫內容知識和技
能目標，而布魯姆的教育目標動詞分類則是課綱撰寫者掌控的延
伸。我曾帶領教師委員會運用布魯姆的「高階層次」動詞撰寫由
「先進」（cutting edge）目標組成的課程。我們當時頗以自己的
成果為榮！我們在課程文件中牢牢掌握了戰爭、日期與歷史事件
等，內容鉅細靡遺、無一缺漏！但一到了教師手上，卻立刻被塞
到最下層那個抽屜，或者更慘，直接進了辦公桌旁的垃圾桶。

洛薏絲：布魯姆的教育目標分類學至少讓我深思：我有多希望學生能夠
思考……那是個開端；但妳是對的，單單運用高階層次的動詞無
法保證深入的理解會發生。

琳恩：是的，在我們逐項教完目標時感覺好像缺了什麼，但到底缺什麼
又說不準。妳記不記得 1980 年代末期到 1990 年代初期的那個**轉
型化成果導向教育**（Transformational Outcome-Based Education）
的時代？那是課程設計理論方面又一次重大轉折，倡議者揚棄了
固有由下而上累積知識的傳統學科結構；他們主張課程應該改成
圍繞著寬廣的生活情境來發展，例如在團隊協作或是理解多元差
異中學習。課程設計源自符合生活情境的複雜角色表現，而不是
依傳統的學科領域區分。這種徹底重新建構課程設計的提議激起
某些社會團體的怒火，他們指責學校「控制孩子的思維」，以及
「沒把事實性知識教好」。身為課程主任，不只一個團體叫我去解

> 釋以消除家長的疑慮，並說明學區的課程確實有教閱讀、寫作、算術以及事實性知識。
>
> **洛蕙絲**：其實，我想大概也在那時，許多人開始提出更多關於教學與學習的問題，人們開始討論標準。
>
> **琳恩**：是的，也就是在那個年代，我開始意識到概念在課程設計中的重要性。我們已經辨識出我們希望學生在「高品質的思考者」和「協作者」這兩方面達到的成就；但也領悟到，要達成這些終極成就最好的方式，是用相關的概念把重要事實性知識和技能架構在一起的課程設計。在我當課程主任的八年中，我們用概念為本的形式發展出幼兒園到十二年級的的課程——但我們還沒有撰寫概念性理解（學科概念之間關係的陳述），因為在探索的旅程中，我自己還沒有達到那個層級的領悟。妳懂的，即使過去這些年教育趨勢的擺盪一度似乎讓我們偏離正途，但其實每一個運動都帶給我們一些有價值的東西，終究把我們帶到一個優質課程與教學的新層次，進步並不依循直線發生。

時至今日，教育工作者們日漸領悟：課程與教學必須超越知識與技能，更要在概念性思考的層級落實深入且可遷移的理解。我們堅信這個發展有兩個極其重要的原因：

· 當知識量持續暴增，我們必須進展到更抽象的概念層級以聚焦並處理資訊，才能周詳的思考並有效的取得與運用資訊。

· 為了發展學生善於思考的能力以解決複雜問題並創造新的想法，我們需要更精密複雜、鼓勵「綜效性思考」的課程與教學模式。當某

人進行綜效性思考時,在知識與理解的事實與概念層級間產生了認知的交互激盪。這種交互激盪激發了高階層次思考,並導向對事實與概念的更深入理解(Erickson, 2007)。

概念為本的課程模式,在設計上刻意納入激發綜效性思考必要的概念維度。概念為本的課程模式清楚區別出學生必須「知道」的事實性知識、必須產生的概念性「理解」,以及「會做」的歷程、策略與技能。或許是因為在 1980 年代末期到 1990 年代初期間主張「不要在課程設計中使用**理解**一詞,因為理解無法評量」的巨大聲浪,傳統的課程模式提及學生必須「知道」以及「會做」什麼,但太常忽略強調第三個期望「理解」,這對課程設計造成長遠的不利影響。我們還記得在 1990 年代末期,當我們在工作坊中提到概念性「理解」的重要性時,教師們表達出對使用這個詞彙的顧慮。的確,評量明確的事實性知識比較容易;但一味堅守短視的事實性知識,意味著我們仍然困守於低階的、進度導向的課程與教學模式。

> 綜效性思考激發了高階層次思考並導向對事實、技能與概念的更深度理解。

「理解」當然可以評量!理解的評量從找出事實確證的資訊以支持概念性理解開始,並且評估任務中的思考品質,進而尋求穿透時間、跨越文化與情境而遷移的理解以顯示理解的深度。在尋求深度理解證據的現代教育中,傳統的評量做法顯然必須改變。

KUDs 在概念為本模式中的價值

在概念為本的模式中清楚呈現通稱為 KUDs(Know 一知道、Understand

—理解、able to Do —會做）的課程構成要素，將有益於以下教育家族中的成員：

 教師

　　KUDs 提供教師清楚的指標以進行教學，同時也：

- 提供由事實性知識與技能支撐的概念性理解的優質範例，以協助教師沿著連續進程逐步瞭解「主題為本」和「概念為本」兩種教學模式之間的差異。

- 將焦點從**教完**（covering）事實與技能，轉移到**運用**（using）事實與技能來瞭解概念和概念性理解，藉以提高教學的標準。

- 使概念為本的教學符合其背後推動教學的課程設計。如果我們想要教會概念性理解，那就要詳細說明這些概念性理解以引導教學計畫。

 學生

　　學生因為教師運用 KUDs 和概念為本的教學法來設計學習經驗而獲益，因為：

- 當學生在建構個人意義與理解時，事實性知識和技能會跟思維中一個或多個相關概念進行互動性與反覆的處理。這樣的綜效性思考過程會啟發智能並激起學生的學習動機。每一個孩子的思考都被珍視。例如，鼓勵學生以「證據／觀點」為概念透鏡來考慮「氣候變遷」這個議題，會讓學生在探究中成為主導者，並讓他們知道教師想要瞭解當運用「證據／觀點」這個透鏡時，他們如何解讀「氣候變遷」這個主題。當考慮事實性知識與概念透鏡之間的關係時，教師鼓勵學生們自主思考，會使他們在智識面和情感面都投入研究。

- 當學生在協作小組中對有趣的問題或議題進行提問、討論、探索以及創造作品或解決方案時，會吸引學生投入社會性意義建構。
- 學習超越事實的思考並穿透時間、跨越文化與情境而遷移概念與理解，將會拓展學生的世界觀，幫助他們看出新知識與先備知識之間的模式與連結，並提供他們可作為終生學習基礎的腦部基模。

行政人員

KUDs 提供校長與教學輔導教師有關「學生需要學什麼」的清楚指標。這些指標加上行政人員對於概念為本教學法必要條件的瞭解，提供了每位教師發展成概念為本專家教師的支援基礎。

家長

當課程文件明確指出學生必須知道、理解並會做什麼，家長們能獲得更完整的資訊，因而放心讓孩子接受優質的教育。當家長瞭解孩子不只學習重要事實性知識和技能，同時也在發展對根本概念的深度理解，他們將領悟到今日學生所學遠比**他們**自己當年被教導的多得多。當家長在晚餐桌上聽到孩子談論概念並將事實性資訊連結到概念性理解時，他們就得到學生知道什麼、理解什麼以及會做什麼的證據。

以下是一位十一年級學生康諾・卡梅隆（Connor Cameron）的回想，他在八年級的自然科學課堂體驗了概念為本教室中的學習。他形容這是他當時特別喜歡的專題。請注意概念為本的教學如何使他維持興趣並深深投入學習，以及三年之後他仍然記得些什麼。試試看你是否可以辨識出康諾知道什麼事實、理解什麼概念並會做什麼技能與歷程。康諾在哪兒展現了學習遷移的證據？

　　我就讀華盛頓州布萊爾郡布萊爾臺地中學時，自然科學老師普雷修先生給了我們一個專題作業：創作一個可以放進水深 45 公分的魚缸中的器具，這個器具得從魚缸水面沉到水底至少三次。除了這個指示之外，基本上他放手讓我們去找出充滿創意的問題解決方法。我知道我必須想出讓這艘「潛水艇」增加及減少平均密度的方法，它才能自動上升和下沉。在之前的科展報告中，我有一些電解過程的學習經驗，我知道可以運用電解過程在水面下製造氣體，這個過程就是我要用來降低潛水艇的整體密度到低於水的密度以讓它浮起來的機制。為了容納這些在水中製造的氣體我選擇了一個 2 公升的瓶子作為「潛水艇」的外殼。

　　電解，如下圖所示，是電流通過氯化鈉（鹽）加水溶液的過程，這個過程達到破壞水分子鍵結的結果，將水分子還原成組成元素——兩個氫和一個氧；過程看起來就只是氣體在金屬陰極上形成小氣泡。

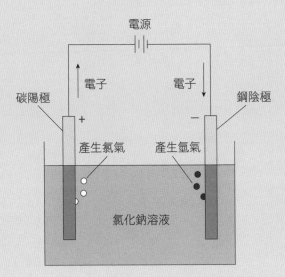

來源：http://content.answcdn.com/main/content/img/McGrawHill/Encyclopedia/images/
CE221700FG0010.gif

　　我已經解決了讓潛水艇從水底浮到水面的問題，但我還得想出如何讓它沉回水底。最後我的做法是設計一個在水底會關上的閥，讓氣體慢慢累積，然後在浮出水面時打開。我決定用軟木塞和橡膠封條。軟木塞在水面下會向上浮，將封條緊壓在一起，但當閥浮出水面時，軟木塞會下墜而將封條打開。

　　我會讓電解過程持續進行，一旦瓶中產生足夠氣體使密度低於水，潛水艇就會浮出水面；這時閥就會釋出累積的氣體而使潛水艇再沉入水底。

　　在這個專題中我所學到的顯然包括問題解決和創意技能，但我也學到關於浮力、密度和物質屬性等概念。老師藉著開放性專題設計，讓學生在著手處理問題的方式上發揮創意，結果就是學生打造出各式各樣的潛水艇：從使用治胃酸的弱鹼蘇打錠（Alka-Seltzer tablets）到定時扔下砝碼等。關於浮力和密度這兩個概念，我學到物體的密度（質量除以體積）如何決定它在液態或氣態溶液中會浮起或下沉。如果物體的密度低於溶液的密度，那麼它的浮力就比溶液大；如果密度高、浮力小於溶液就會下沉。例如，如果氣球內充滿的是來自人體肺部的空氣，它就會掉到地上；而充滿氦氣的氣球就會上升。前者掉到地上是因為氣球中的空氣和外面周遭的空氣密度是一樣的，而氣球本身又有些微的重量，這兩個因素加在一起使得充滿空氣的氣球的平均密度高於空氣的密度；後者上升是因為密度第二低的氦元素改變了氣球的平均密度到低於周遭的空氣密度。最後，當我為了利用氣體的密度比液體低很多的特性，而用電解作用來把水變成氣體時，我運用了物質屬性的概念。

在康諾的回想中，你是否找出以下這些 KUDs 和遷移的證據？

1. **K 知道**——相關術語的知識：密度、浮力、物質；電解過程的知識；氣體密度比液體低的知識。

2. **U 理解**——理解物體的密度決定它是否能夠在液態或氣態溶液中浮起或下沉。

3. **D 會做**——會改變物體在液態溶液中的平均密度以使物體上升或下沉；會解決問題，並藉由運用先備知識與論證，達成一個可行的解決方案。

4. **遷移**——在比較充滿空氣和充滿氦氣的氣球的上升能力時，遷移了密度的概念。

使這段回想更特別的是，康諾是本書作者之一琳恩·艾瑞克森的孫子。看見概念為本的教學與學習在自己的孩子或孫子的教室中發生，真是讓人興奮！謝謝你，普雷修老師！

這些年來，許多教師分享了家長們會打電話或寫信表達他們很滿意孩子對概念的理解與討論的程度。

本書作者呼籲，在課程架構中用明確書寫的 KUDs（知識、理解與技能）取代傳統目標。這樣會提供教師他們需要跟學生共同達成的學習標的，同時在設計學習經驗時，賦予教師運用教學的科學與藝術的自由度。為什麼我們覺得需要「告訴」各學科的教師必須使用跟特定主題配合的動詞呢？比起另外刻意加上一個動詞，何不提供需要處理的、重要的知識主題？何不要求教師們先將該年級與科目的「技能」內化，好讓**他們**設計整學年都能發展知識、理解與技能的學習經驗？當然，在數學和語文學科中，某些技能的教導必須先於其他技能，但如果教師先內化了學科豐富論述中的技能，這些技能會以更堅實的方式融入課程，而不只是把單一動詞，例如**分析**，套在一個內容目標前面而已。

傳統內容目標的問題

長期以來，課程一直是以內容和技能目標為主要架構，並倚賴**辨識、說明、分析**等動詞表示心智處理的層級。但我們已經太常**假設**「把主題加上動詞」就會導向深入的概念性理解。事實上，研究顯示學生帶著許多重要概念的誤解進入高中和大學，在自然科學或是數學方面尤其嚴重。1987 年由哈佛一史密松天體物理中心（Harvard-Smithsonian Center for Astrophysics）製作的紀錄片「私人的宇宙」（A Private Universe）正是特別生動的例子（譯按：這部片子訪談美國優秀高中生與常春藤盟校大學畢業生，發現傳統教學法無法避免教出不少根深蒂固的迷思概念，即使班上的傑出學生也無法倖免）。然而，21 世紀急切需要以下高階概念性思考的能力：

> 我們已經太常假設「把主題加上動詞」就會導向深入的概念性理解。

- 能夠經由可遷移的概念與概念性理解而看出新知識與先備知識之間的模式與連結的能力
- 能夠將知識分類納入腦中概念基模（conceptual schemata）的能力，以有效率的處理資訊
- 能穿透時間、跨越文化、跨越情境而遷移概念與概念性理解的能力

傳統的課程設計模式並未清楚區別事實層級與概念層級。這對於教育工作者來說是個問題，因為他們必須要認清事實與概念層級的差異才能使學生投入綜效性思考。當然，安德森與克雷詩沃在書中提到了這個傳統課程設計的問題；但就課程文件中刻意納入並清楚區分事實性與概念性目標這點而言，其實並不多見而且品質不一。

在過去二十年的工作坊中，我們發現教師們在區別主題和概念，以及事實和通則之間的差異和關係的訓練極少；因此，這已經成為我們對所有教師與學校行政人員的訓練中的重要元素。過去這十年，我們也看到有越來越多教師訓練機構提及概念為本的課程與教學，但這種做法仍然未見普及。

傳統課程設計模式的另一個主要問題在於不以想法（idea）為中心。教師能引述目標（例如連結動詞與主題或技能），但當要他們說明從主題和技能中提取的概念性理解時，他們對清楚說明這些想法頗感困難。相較於陳述內容或技能目標，要清楚說明概念性理解必須透過不同的思考歷程。**若要清楚說明概念性的想法，必須先在思維層面思考其事實性基礎以形塑想法。**這種「文字工匠式」（wordsmithing）雕琢通則的能力可以經由練習快速養成，卻也是目標導向模式（objective-driven model）中極少要求或運用的深度思考。

> 相較於陳述內容或技能目標，要清楚說明概念性理解必須要透過不同的思考歷程。

概念為本的課程設計，要求教師清楚說明他們希望學生知道什麼、理解什麼並會做什麼。有些國家有國訂課綱，有些國家則要求學業標準，這些文件可以作為起點，用來拆解出概念為本課程對知道、理解與會做的預期成果，但這三個構成要素都必須萃取出來以建構地區性課程（local curricula）。國家課綱或學業標準可以界定課程的範圍，但還不是可用於課室中教學的課程。學區或個別學校需要發展課室課程，以符合學業標準或國家課綱中對概念、事實與技能的期待。接下來讓我們比較一下歷史科的傳統目標範例和更明確的概念為本的模式。

在圖 1.1 傳統的課程模式中，重點是學生需要知道什麼。技能通常用單一動詞作為代表，藉由這個動詞帶動與主題的互動。教師可能可以從各州標準或國家課綱中擷取其他的技能目標用以撰寫學習經驗，但他們還是覺得這些技能目標應該符合「動詞＋主題」的表達方式，跟規定的內容目標配對。

問題在於，在一個特定的動詞後面連接一個明確主題而形成的學習目標，並無法確保概念性理解。在以下歷史科的範例中，教師可以決定教學是否要超越事實性知識層次；但因為目標設計方式的限制，使得超越事實性知識的教學通常不會發生。例如圖 1.1 的目標 3，即使這是一個蘊含概念性敘述的目標，但缺乏概念為本訓練的教師可能只把學習目標當成動詞帶動的一個活動，師生操作完活動就完成了學習目標，而忽略了這個活動會讓學生瞭解什麼道理。

單元名稱：第二次世界大戰

學生將會：

1. **辨識出**美國參與第二次世界大戰的原因，包括獨裁統治的日益壯大與珍珠港事件。

2. **分析**第二次世界大戰的主要議題和事件，例如：多重戰線、日裔美國人被拘留於集中營、大屠殺、中途島戰役、諾曼第登陸、原子彈的研發以及杜魯門總統決定投下原子彈等。

3. **評估**戰爭對一個國家總體的成本與效益，並選定一個國際衝突，以角色扮演方式，從國家的觀點來辯論是否要參戰。

4. **說明**第二次世界大戰期間重要軍事領袖所扮演的角色，包括歐瑪・布萊德利（Omar Bradley）、杜懷・艾森豪（Dwight Eisenhower）、道格拉斯・麥克阿瑟（Douglas MacArthur）、喬治・馬歇爾（George Marshall），以及喬治・巴頓（George Patton）。

▶ **圖 1.1・傳統的目標模式**

圖 1.2 則展示概念為本的模式，在知識與技能之外，它明確的要求概念性理解。請注意，即使教師必須從歷史性推論與思考技能的豐富庫藏中汲取適切的動詞，且在整學年保持均衡，但動詞的選擇仍留給教師決定。這樣的均衡代表學生在整年度中，都可以從各式各樣發展合宜的歷程與技能中培養專門技能與經驗。

學生將**知道**……
- 美國參與第二次世界大戰的原因。
- 第二次世界大戰的主要議題和事件，例如：
  ○ 多重戰線
  ○ 日裔美國人被拘留於集中營
  ○ 大屠殺
  ○ 中途島戰役
  ○ 諾曼第登陸
  ○ 投下原子彈的決定以及後續的影響

學生將**理解**……
- 國家之間的衝突可能導致政治、軍事與經濟等權力平衡產生改變，獲勝的國家會增加權力與主導國際議程的影響力。
- 「中立」國可能會被迫捲入國際衝突以保護自己的政治或經濟利益。
- 政府在戰爭期間會動員人力、軍事與經濟資源。
- 戰爭期間所需的軍事資源可能創造工作機會並刺激疲弱的經濟。

學生將**會（做）**……
- 找到並運用第一手與第二手資料，如電腦軟體、資料庫、媒體與新聞、傳記、訪談與文物等以獲得資訊。
- 經由排序、分類、找出因果關係、比較、對比、找出主要觀念、摘要、寫出通則與預測，以及做出推論與結論等以分析資料。
- 找出書面、口述和影像材料中的偏見。

▶ 圖 1.2・以 KUDs 撰寫的概念為本模式

　　第七章將會討論概念為本模式如何運用歸納式教學模式，讓教師可以引導學生提取出的重要概念性理解。

　　在內容導向的科目如歷史科中，傳統目標注重必須教完的內容，而所注重的技能通常不超出附加在內容目標上的技能動詞，如辨識、分析……等。概念為本模式則列出單元內容，但在學習經驗設計中把動詞選擇權留給教師，因為內容已經不是教學的最終目的。內容對歷史素養很重要，但同時也是用來界定其他跨越時間、文化與情境中類似案例的範圍，以發展概念性理

解的工具。這種尋找模式、相同點和相異點的比較能力，會深化思維處理和
概念性理解。概念為本的課程模式為不同層級和形式的思維處理提供了一個
明確描述的細目：**知道**事實、**理解**概念並**會做**歷程與技能。

　　歷史學家會很快提醒我們，歷史事件和議題是因為鎖定在時間和脈絡中
而具有獨特性。這是事實，但並不代表不能從不同時代的歷史事件和議題中
提取出通則，而是在說我們需要謹慎的提取這些「歷史教訓」。通則必須是
以歷史中不同時期的事例作為事實基礎。另一個撰寫歷史概念性理解的提
醒，則是要避免常見的「現在主義」（presentism）陷阱（Wineburg, 2001）
——誤用當代而且具有文化偏見的觀點來詮釋過去的歷史事件。一個例子是
關於 19 世紀工業急速發展的文章，在那個不受約束的變革被廣為頌揚的時
代，採用今日的道德判斷來譴責當時對環境與勞工的做法，卻沒有提到那個
時期的思考邏輯。在現在主義的觀點下，歷史事件的時代、文化與社會脈絡
不是沒被列入考量，就是帶著當代觀點的印象。因此撰寫概念性理解時，必
須要有跨越時代的事實性事例為基礎的概括性，並運用**可以**（can）或**可能**
（may）等限定詞（qualifier）提供彈性以深思時間、地點和觀點的影響。一
般人必須深度理解事實、時間與脈絡，以避免現在主義的謬誤。

　　我們建議在課程架構中使用 KUDs 來**取代**傳統目標；因為 KUDs **既是**目
標，又比傳統目標更清楚、更明確，它能清楚區分知識、理解與技能，且提
供教師縝密設計學習時所需的資訊。如果州層級的學業標準和國家課綱能採
用 KUDs 架構，將會簡化地區性課程的發展。教師們將獲得由各州或國家層
級的學科專家共同確認的每個年級、每一學科必要的概念性理解。美國的新
世代科學標準（NGSS）正朝著正確的方向邁進，因為其中納入了「核心學
科觀念」（Core Disciplinary Ideas）——也就是最根本的概念性理解。

問題討論

❶ 為何自 1950 年代中期之後，傳統學習目標成為課程指引的唯一模式？

❷ 為何世界各地的教育工作者都開始領悟，概念為本的課程與教學提供了一個有力的模式以引導教學與學習？

❸ KUDs 提供了教師哪些傳統學習目標沒有清楚說明的部分？

❹ 你如何對家長說明傳統學習目標和 KUDs 模式的不同？如何對你所屬的概念為本學校中的新進教師說明？

總 結

　　這些年來，邁向概念為本的課程與教學模式的這條長路充滿了急轉彎。但因為世界各地許多教師與教育工作者每天為學校教育中什麼可行、什麼不可行而奮戰的心意與努力，這段旅程已逐步進展。即使在課程設計領域大幅擺盪的時期，仍有在教室中或是行政職位上的教育工作者堅持著「優質的課程設計不該只是教完低階目標然後打勾而已」的理念；學習必須攸關應用並遷移以事實和技能為基礎，跨越時間、文化與情境的概念和概念性理解。概念性的遷移幫助學生看出類似情境之間的模式與連結，並提供複雜思考與理解的跳板，而這兩者都是職涯準備和終生學習不可或缺的重要焦點。在第二章，我們會比對傳統的二維度課程設計與概念為本的三維度課程與教學設計，並將介紹內容性和歷程性的結構。

02

二維度與三維度
的課程模式

比對二維度與三維度的課程模式

以動詞主導的學習目標（例如：列舉……、分析……、辨識……）為基礎的傳統課程設計模式與概念為本的課程設計模式之間有顯著的差異。我們將二維度設計與三維度設計的差異特徵顯示如圖 2.1。二維度模式主導的傳統課程設計聚焦於事實和技能，通常**假設**深入的概念性理解會自然發生；此模式會產出通常被引述為「一吋之深、一哩之寬」的課程設計取向。三維度的概念為本模式則肯定概念層級對於創造深度知識、可遷移的理解及高階層次思考的關鍵重要性。三維度模式對課程和教學而言都意味著更精密複雜的設計。

> 三維度的概念為本模式對課程和教學而言都意味著更精密複雜的設計。

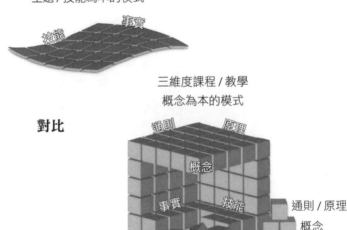

▶ 圖 2.1・二維度和三維度課程模式的對比

來源：Copyright 2012 by H. Lynn Erickson.

在三維度模式中，主題、事實與技能依然是模式中的重要組成要素，但第三維度的概念、原理與通則確保了概念性思考與理解是課程與教學設計中特別重要的部分；而主題、事實和技能則是概念性思考與理解的基礎。圖2.1 以視覺呈現三維度模式課程設計必須包含的重要要素，更創造出與傳統的簡單二維度內容導向模式的鮮明對比。我們不是說二維度模式缺乏概念性焦點，而是它沒有從事實與技能目標中明確區分出概念性理解。所有的學科都有概念的維度，深度理解以及知識與技能的遷移則需要教師瞭解事實／技能層級和概念層級之間的關係，並在教學中有效運用這種關係。以深度概念性理解為目的的教學跟記憶事實性知識的教學截然不同，課程必須清楚明確的處理這兩種層級，以協助教師進行教學規畫。

比對二維度與三維度模式的目的，在於以圖像生動說明課程與教學的歷史演變，以及課程與教學需要如何改寫，以符應我們將持續面對的地區性與全球性智識挑戰。在下一節中，我們將分享屬於三維度概念為本模式的知識性結構和歷程性結構。

簡介知識性結構與歷程性結構

在 1995 年，琳恩・艾瑞克森在她的第一本書《喚醒腦、心、靈：重新定義課程與教學》中提出了知識性結構模式。知識性結構呈現出課堂上所教的主題和事實與相關概念、通則、原理和理論之間的關係。

到了 2013 年，洛薏絲・蘭寧在《設計概念為本的英語文課程：符合課綱標準與智識整全性》（Lanning, 2013）一書中分享了她在歷程性結構方面的研究。與琳恩・艾瑞克森在概念為本的課程與教學上共事十八年後，她運用英語文學科的專長以改善歷程性學科，如英語文、外語以及藝術學科的課

程設計模式。歷程性結構說明了英語文科
的內容（歷程、策略與技能）確實蘊含可以
合併起來撰寫通則與原理的重要概念。這
些通則與原理是賦予歷程、技能與策略重

> 知識性結構跟歷程性結
> 構是互補的模式，兩者
> 之間具有共生的關係。

要性的深層概念性理解。概念層級的理解對避免輕率的運用技能、進而支援
複雜技能在不同脈絡與情境中適切的遷移非常重要。具備理解之後，適切的
歷程、技能與策略即可以運用到學科之外的內容以創造意義（Lanning,
2013）。知識性結構跟歷程性結構是互補的三維度概念為本模式。在此先分
享一個有助於瞭解的範例，以顯示預期的歷程導向表現以及從鑲嵌或隱含在
技能表現中的概念提取出的通則，兩者句子結構的不同：

● **預期的歷程導向表現**：能運用適切的事實、相關的描述性細節與聽
得懂的配速，口齒清晰的報告一個主題、說一個故事或重述一個經驗（來
源：美國各州共同核心標準，英語文學科 4.SL.4）。

● **通則（概念性理解）**：為了讓人清楚瞭解，高效能的簡報者會依照目
的與對象來調整要傳達的訊息和簡報風格。

上述通則清楚的讓教師知道要教會哪些重要、可遷移的想法。如果只看
學業標準，很容易被當成在活動中教過就好的零散技能。

圖 2.2 顯示兩種結構彼此互補的本質。就理解概念為本的課程與教學如
何運用於英語文、外語和視覺與表演藝術等歷程主導的學科而言，歷程性結
構彌補了知識性結構的不足之處。知識性結構適用於以事實性或概念性內容
主導的學科領域，如歷史與數學等；但諸如英語文等其他學科則以歷程、策
略與技能為建構的基礎，再將這些歷程、策略與技能應用到從各種來源中汲
取的內容之中（Lanning, 2013）。

知識性結構

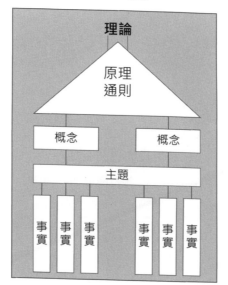

來源：Copyright 1995 by H. Lynn Erickson.

歷程性結構

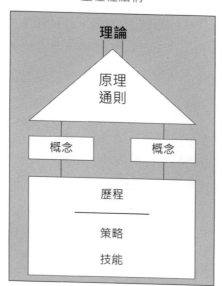

來源：Copyright 2012 by Lois A. Lanning.

▶ **圖** 2.2・知識性與歷程性結構

歷程與知識的交互作用

歷程與知識就像雙人舞，少了舞伴誰也跳不成。

想像你試著要：

閱讀……………………但書的頁面空白。

開飛機…………………但對儀表與**升力**、**空速**、**方向**等概念欠缺知識或理解。

解決問題………………但沒有問題。

歷程與知識相輔相成，而且兩者之間存有共生的關係。知識本身就像惰性元素般用處不大，直到透過歷程、策略與技能等付諸行動時才有用；同樣的，如果缺乏內容，閱讀、寫作、思考、分析、產出或創造等歷程也無法進行有意義的運作。但歷程與知識之間的關係具有彈性，許多歷程、策略與技能都可以應用到特定的主題。例如，在研究「氣候變遷」這個主題時，我可能選擇運用下列任一歷程、策略或技能來學習這個主題：

- 運用語言表達、圖像或電子資源等不同文本來源分析科學資料
- 創造數學模型來表徵統計資料
- 以統計資料的分析為基礎形成經濟預測
- 針對特定對象撰寫立場論述，討論某一問題並以合理的論據支持自己立場

正因為「許多技能都可以用來學習內容」，當教師們為自己的學生設計學習經驗時，我們應該讓教師自己選擇要應用哪些技能來學習特定主題或內容。但這也代表教師有責任先內化州訂學業標準或國家課綱對所屬學科與年

級規定的**技能組合**，並從完整的技能項目中挑選出適當技能以設計整學年的學習經驗與評量。教師也需要瞭解語文、外語或數學等學科中技能學習的適當發展順序。

傳統上，數學被視為一套特定的程序，一套需要背下來、用來演算的程序。然而，大部分可以運用步驟解答的數學觀念也適合用來探索、論證與找出模式。事實上，美國的各州數學共同核心標準（Common Core State Standards for Mathematics, CCSSM）即強調連結內容標準和數學運算標準（Standards for Mathematical Practice）的重要性（Common Core State Standards Initiative, 2010b, pp. 6-8），包括：

1. 理解問題並努力不懈的解決問題。
2. 抽象化與量化的推理。
3. 建構可行的論據並評析他人的推理。
4. 運用數學建立模式。
5. 策略性的運用適合的工具。
6. 力求精準。
7. 尋求並運用結構。
8. 在重複的推理中尋找並指出規律性。

數學是一種不同的思考和處理資訊的方式。數學的發展讓我們對世界上的各種現象獲得更深入的理解；因此，數學應該應用於各學科領域。

數學、科學和其他學科領域都是由事實性知識、概念性理解以及技能建立的三維度構念。接下來，我們將審視課程文件的教學敘述（classroom descriptions），以決定其教學是否忠實呈現概念為本的設計原則。

比對教學敍述

　　三維度概念為本的課室展現某些跟傳統二維度課室對比鮮明的特徵，以下兩個教學單元概述中，一個具有概念為本的特徵，另一個則否。你能辨識出哪一個顯示出概念為本的單元設計嗎？哪些特徵引導你得到這個結論呢？

A 課室：三年級自然科學──世界各地的動物

單元概述：

　　你曾經想過世界上有多少種不同的動物嗎？在本單元中，你將選擇一種動物來研究，並完成一份報告跟全班分享。

　　你將分享你所搜尋到有關這種動物的資訊，多多益善，包括：

- 動物名稱與描述
- 動物的特性
- 分布在世界的哪個區域
- 這種動物生活的棲地類型
- 這種動物如何保護自己
- 這種動物吃什麼食物

　　在我們去動物園實地考察之前，你將以這種動物的「專家」身分和全班分享你的研究。

B 課室：三年級自然科學──世界各地的動物：棲地 / 適應

單元概述：

你曾經好奇動物們為什麼住在現在住的地方嗎？動物們的棲地如何滿足牠們的生存需要？還有動物們如何適應變遷的環境？在本單元中，你和學習夥伴要選擇居住在世界不同區域的兩種不同動物。你們要設計一張圖表，比較這兩種動物的棲地，並指出使棲地適合牠們生存需求的動物特性，我們將討論動物如何適應變遷的環境。接近單元結束時，你要為一種假想的動物創造一個棲地，但必須跟你在本單元所學過的棲地不同。你要繪圖並描述使這個假想動物能在你創造的棲地存活的特性；然後，你要改變棲息地周遭環境中的一個因素，接著説明為了成功適應這個環境改變，你的假想動物需要具備的特性。

你是否看出 A 課室所提供的是只研究一種特定動物的傳統主題導向的學習？而 B 課室則在學生比較兩種不同動物和差異顯著棲地之間的關係時，運用**棲地**和**適應**這兩個概念透鏡來吸引學生投入個人智識，當學生受到鼓勵、透過棲地和適應這兩個概念來處理有關動物的事實性知識時，概念透鏡就引發了綜效性思考。介於事實性和概念性思考層級之間的交互作用，導向深度理解並遷移概念和想法的能力，而預期表現的最後一項：學生要創造新棲地中的假想動物並考慮牠適應環境的特性，可以展現學生的深度概念性理解和遷移概念的能力。本單元充分符合新世代科學標準（NGSS, 2013）中三年級的核心學科觀念：在任何特定環境中，某些生物可以存活得很好，有些存活不佳，還有些根本無法存活（NGSS, LS4.C—Adaptation）。

> 概念透鏡引發綜效性思考。

現在運用我們的能力來辨識概念為本的實作任務。以下哪一個評量代表概念為本的任務？你的判斷是基於哪些證據？

A 課室實作任務：九年級代數——線性方程式與函數

本市的游泳館需要新建一座滑水道，身為工程師，你決定提交設計以爭取這個計畫。在提案要求中，市政府說明滑水道必須具有三個不同區段：開始要陡、逐漸趨緩、再回到原來的陡度。

你要打造一個符合這些規格的滑水道設計。在決定每一段的陡度時，要確認安全性和娛樂性都列入考量；為了要比較各種設計，市政府要求在滑水道的每個區段都標示陡度的圖形以及數學說明。

若你的設計入選，你必須確保每一區段的建造都符合你設計的陡度規格。身為本計畫的工程師，請提出兩種方式來說明，保證滑水道符合你的設計規格。

垂直變化與水平變化的比率稱為斜率，說明斜率在你設計的滑水道中扮演的角色與重要性。滑水道之外，斜率還有什麼重要性？用你自己的話說明斜率和垂直變化與水平變化之間的關係。

B 課室實作任務：九年級代數——線性方程式與函數

在本任務中，你必須計算圖形中線段的斜率。運用斜率計算公式完成學習單。完成之後，說明斜率的計算過程。

在這兩個示例中，不難看出 A 課室屬於概念為本的實作任務，但可能不太容易說出原因。B 課室沒有要求學生口頭或書面說明自己的理解，焦點完全放在技能操作上；就算寫下說明，也只針對如何計算斜率，而非對斜率的概念性理解。B 課室中的學生是否達到概念性理解，我們只能憑空猜測。但在 A 課室中，教師不只知道學生能否計算斜率，並且經由「用你自己的話說明斜率和垂直變化與水平變化之間的關係」這樣的指示，把任務扣回重要的概念性理解，學生解釋其間關係的能力就清楚顯示出概念性理解的深度。

第三章將更詳盡的說明知識性結構，並深思其對不同學科領域的意義。

問題討論

檢視二維度和三維度的課程與教學模式，你會如何對學校中的新進教師說明兩者的差異？

❶ 在三維度課室中，學生的學習效益有哪些？

❷ 在學校中，要轉變為三維度的教學為何費時？

❸ 概念為本的課程與教學如何反映出三維度模式？

❹ 為何知識性結構和歷程性結構可以說是「一枚銅板的兩面」（譯按：英諺，表示事物總有一體兩面）？

❺ 歷程性結構處理了哪些知識性結構處理不到的部分？

❻ 你會如何向新進教師說明這兩種結構之間的共生關係？

❼ 身為觀課中的教學輔導教師，你會蒐集哪些事實以證明你看到了三維度概念為本的教學？

總　結

　　模式幫助我們瞭解所建議的改變和文字敘述。幫助我們瞭解傳統課程設計和概念為本模式之間對比的兩種重要模式如下：

1. 課程設計的二維度與三維度的呈現方式，以及
2. 知識性結構與歷程性結構複製了三維度模式的教學與學習，並讓我們領悟內容與歷程具有的概念性本質。

　　「內化這兩個模式、在課程設計與課堂教學中尋找這兩個模式的組成要素，以及聚焦於學生學習時思考什麼跟理解什麼」都是倡議朝向概念為本課程與教學模式改變時，有效的支持策略。

CHAPTER **03**

知識性結構

瞭解知識性結構中的各種關係

　　知識性結構用圖像說明**主題和事實**、學習內容中提取的**概念**，以及表達具有事實佐證的概念性關係（可遷移的理解）的**通則和原理**這三者之間的關係。結構的最高層次是**理論**：用來解釋現象或實作的假說（supposition）或一套概念性想法。知識性結構包含不同的層次，從明確具體漸進到抽象並可以遷移。

　　第二章討論過了傳統二維度課程與教學模式與三維度概念為本模式的差異。當你檢視圖 3.1 的知識性結構時，你看得出二維度課程會聚焦在哪裡嗎？而第三維度又從哪裡開始呢？如果你認為二維度課程的重點是主題與事實，那就對了。而概念、通則和原理則代表第三維度：概念性的學習。那麼，如果我們說某位教師是三維度概念為本的教師，他（她）的教學目標會是什麼？是的，概念為本的教師會以教導概念與通則／原理為教學目標，而把主題和事實當作發展深度概念性理解的**工具**。不是說事實性內容與技能本身沒有價值，而是它們具有作為工具以發展深度概念性理解的延伸價值。

　　本書中，將知識性結構模式稍作修正以更精確的呈現艾瑞克森現在的想法（圖 3.1）。先前版本的模式圖呈現源自兩個不同主題的數個概念；但實際上，單一主題的單元標題可以同時提取出多個概念。此處的圖 3.1 已經重繪以顯示此一想法上的些微改變。

知識性結構

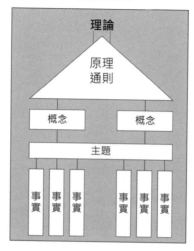

▶ 圖 3.1・知識性結構

來源：Copyright 1995 by H. Lynn Erickson.

　　為了瞭解這個結構，我們先複習一下主題和事實、概念、通則、原理以及理論之間的差別：

● **主題和事實**　主題和事實是明確的，無法穿透時間、跨越文化或情境而遷移，它們被鎖定在時間、地點或情境之中。主題的範例如：第二次世界大戰、雷諾瓦的畫作、人體構造或亞洲文化。事實則是在主題範圍內構成主題的各項明確知識。

● **概念**　概念可以穿透時間、跨越文化或情境遷移。概念是以共通屬性涵蓋一組事例的心智構念（mental construct）。概念包括超越學科的宏觀概念與偏向特定學科的微觀概念，前者的範例如改變、系統、相互依存等；後者如角度、文化、語態、稀缺、棲地等……

概念符合以下標準：

- 不受時間影響
- 普遍的
- 兩、三個字（譯按：英文原文是「one or two words」（一、兩個字）
  而中文中的概念多為兩、三個字），或短詞
- 不同的抽象性程度（從宏觀到微觀）
- 事例具有共同屬性

🔵 **通則**　通則的定義是說明兩個或更多概念之間關係的句子，是可以
穿透時間、跨越文化與情境而遷移的理解。通則中不用專有名詞、
過去式動詞或會讓人把想法連結到某個人或群體的代名詞。通則的
範例如：「生態系統中的生物形成相互依存的關係。」通則是以真實
事例為基礎的真相（truths），如果這個想法雖然重要，但並不是在
*所有*例子中都為真的時候，通則可能得加上限定詞（**經常、可以、**
可能）。加限定詞的通則範例如：「國家可能運用協商來解決國際間
的衝突。」然而，過度使用限定詞會削弱理解的強度，因此僅在需要
時才使用。

🔵 **原理**　原理是概念性關係的敘述，但與通則有兩點不同：

- 原理是概念性理解，具有跟通則一樣的標準，但其位階提升到定
  律、法則，或就目前所得到的最佳證據而言，算是基本的「真理」
  （foundational "truth"）。原理的範例有科學定律，如牛頓定律或是
  數學的公理。
- 原理陳述絕不使用限定詞（**經常、可以、可能**……）。原理的數量
  遠少於通則，通則的數量又遠少於事實。課程設計上不需要在文

件中刻意區別通則和原理。兩者都是概念性關係的重要陳述，而且都可以被引用在同一標題之下，如通則、基本理解（Essential Understandings; Erickson, 2002）、持久的理解（Enduring Understandings; Wiggins & McTighe, 2005）或是核心學科觀念（Core Disciplinary Ideas; Next Generation Science Standards, 2013）。

● **理論**　*理論*是一個假說或一套概念性想法，用來解釋一種現象或實作。

　　教師在課堂上當然會講到理論，但此刻我們在本書中先專注於課程與教學設計的基本轉變——朝向定義明確的三維度模式。

　　知識性結構顯示「主題和事實」、「從這些主題和事實中提取的概念」，以及「通則與原理這兩種表達超越時間、地點與情境的概念間關係的句子」三者彼此之間的關係。當學生能用事實來佐證概念性理解時，我們可以判斷他們對於學科內容獲得深入的理解。深度概念性理解的重要性獲得許多認知與教育研究論述的支持（Bransford, Brown, & Cocking, 2000）。我們不該繼續兀自假設學生正在發展概念性理解——我們必須為發展概念性理解而教學，並且引導出學生的概念性理解。唯有透過概念為本的課程與教學設計模式，才能達成這個目標。

> 我們不該繼續兀自假設學生正在發展概念性理解——我們必須為發展概念性理解而教學，並且引導出學生的概念性理解。

知識性結構如何引導課程設計

　　知識性結構說明了課程設計流程如何從深思主題與事實開始,進而辨認有關的重要概念,再結合相關的概念打造可跨越時間與類似情境而遷移的概念性理解(通則／原理)。教育工作者有時會質疑這種由下往上的方式,並說明他們自己反而是從「大概念」(big idea)開始,然後再辨識可以提供佐證的內容。但他們或許沒有想清楚,當他們在思考「大概念」時,其實正是透過反覆思考歷程在考慮重要的內容。例如,如果我要教美國革命,我會想到「獨立、自由、革命」這些概念,但是如果不思考這些概念跟主題與事實的關係,我無法建構出通則。我完成的通則可能會是:「當人們逐漸形成被政府壓迫的感受時,人們終究可能會發動革命以爭取更多自由。」這個想法不論在歷史的哪個時期都適用。如果沒有連結到提供佐證的內容,任何人都無法打造有力的概念性理解。一旦概念性理解形成了,當然可以找出許多不同的事實性例證,但過去這些年來我們已發現,由下往上的策略會使概念性陳述更加清晰有力。此外,教師原本就必須要教明確的內容,因此從必須教的主題和技能開始,然後再提取出概念也非常合理。或許有人會好奇概念性理解對課程與教學為什麼如此重要。以下羅列幾個原因:

> 如果沒有連結到提供佐證的內容,任何人都無法打造有力的概念性理解。

- 概念性理解是提取自學習主題的重要理解。在知識爆量的時代，我們必須專注在各學科以及複雜議題中最核心的理解。

- 因為現今知識庫已經如此龐大，合理的做法是提升到更高的抽象層級（概念、通則和原理）以聚焦並深化智識的運作。

- 全球相互依存以及多元文化課堂數量增加，讓教師可以從任何學童自身的文化背景中汲取概念和通則的實例，以協助他（她）的學習。

- 藉由容許學生建構個人意義，通則與原理也有助於學生的探究。學生在教師引導的結構式探究指引之下建立通則。教師通常採用歸納式教學法——有效運用不同類型的問題、差異化教學以及個人與小組的調查、討論、分析和彙總的機會來引導探究。

- 遷移只在理解的概念層級發生，能夠遷移理解到各種具體事例的學生會發展出腦部基模，幫助自己洞察新知識與先備知識之間的模式與連結。

- 綜效性思考需要事實性知識和概念之間的交互作用。綜效性思考需要更深層的思維處理，並且導向對概念的相關事實深入的理解、協助個人產生意義並增加學習動機。善用思維會激勵學生繼續思考！

　　國際文憑課程（International Baccalaureate Programme）重視探究原理（principles of inquiry）、深入的概念性理解、知識的遷移、綜效性思考與多元文化的理解，正是概念為本三維度課程模式的典範。

設計國家、州或地區層級的學科課程架構

本書作者們注意到嘗試以廣泛的宏觀概念來組織學科內容的趨勢,這種趨勢令人憂心。例如:社會科的課程設計委員會可能嘗試根據**改變**、**衝突**或**相互依存**等宏觀概念指定重要的內容主題,或自然科學課可能嘗試根據**交互作用**、**改變**、**系統**等較廣泛的概念組織學科內容。這些概念太廣博而無法有效的組織學科內容;主要問題在於幾乎所有的內容都可以跟這些宏觀概念中的任何一個概念發生關聯。若要教第二次世界大戰這個主題,我要把它放在**改變**、**衝突**或**相互依存**哪一

> 宏觀概念太廣博,不適合作為有效的學科內容組織工具。

個概念下來教?如果要教自然科學的人體這個主題,我會用**交互作用**、**改變**或**系統**三者中的哪一個概念來組織課程?宏觀概念很難作為清楚的課程組織工具;但宏觀概念**可以**作為概念為本的單元設計中優異的概念透鏡,用以聚焦單元學習並導向綜效性思考。例如,如果我的學生正在學習人體,我可以鼓勵他們運用「交互作用」或「系統」,或許多其他廣博的概念來思考這個主題。我們並不想暗示**只有**宏觀概念可以作為概念透鏡;在歷程導向和內容導向的學科中,有很多時候單元標題適合運用更加學科專屬的概念透鏡。例如,在某個英語文科單元中,運用「角色刻畫」(Characterization)或「原型」(Archetypes)可能是最適合的焦點;而在某一歷史科單元中,「英雄」(Heroes)或許是低年級社會領域最適合的透鏡。

讓我們細看數學科某些獨有的特徵。要發展國家、州或地區層級的學科課程架構,將學科內容拆解成支線、支線的構成概念以及更明確的相關概念的水平模式,會是連結數學運算與理解的可行課程藍圖。表 3.1 提供一個數學科架構範例以及部分可用的課程組織工具。

▶ 表 3.1・數學科的架構模型

數學科節錄——八年級範例				
支線	構成概念	相關概念	主要技能	通則範例
數系	有理數	無理數；估計	・區別有理數與無理數。 ・估計無理數的值。	・數學家能把**有理數**表示成有限小數或循環小數。 ・數學家採用**無理數**的有理數近似值，因為無理數用小數呈現時既不循環也沒有終止點。
算式和方程式	線性方程式	比例關係；變化率；斜率；截距；相似直角三角形；比例因數	・把比例關係畫成通過原點的線性方程式圖。 ・導出座標平面上任何非垂直線的方程式。	・在**比例關係**中單位變化率用方程式 y=kx 來代表線的斜率，k 是**比例**的常數。 ・非垂直線上的任何兩點構成**相似直角三角形**，每個三角形都具有等於線的**斜率**的比例因數的關係。 ・線性方程式決定座標平面上該線的**斜率**和 y 軸截距。
函數	線性函數	代數、圖形、數字、口語等表示法；變化率；截距；非線性	・建構並比較以不同方式表示的函數。 ・詮釋線性函數並舉出非線性函數的例證。	・函數的一個輸入值對應一個輸出值。 ・函數描述一個值決定另一個值的情形。 ・函數的多元表徵創造了比較不同函數的屬性的機會。
幾何	變換 體積	平移；旋轉；鏡射；伸縮；全等；相似；直角；距離；錐；柱面；球面	・試驗性的操作平移、旋轉、伸縮、鏡射以決定全等及相似。 ・運用畢氏定理來決定直角三角形未知的邊長。 ・應用畢氏定理以求出座標平面上兩點之間的距離。	・一連串的**旋轉、鏡射、平移**決定兩個形狀的全等；一連串包含**伸縮**的變換決定兩個形狀的**相似**。 ・**直角三角形之斜邊的平方**等於其他兩邊的**平方和**。 ・體積公式代表形狀的代數描述，並量化了內部空間。

（續）

數學科節錄——八年級範例				
支線	構成概念	相關概念	主要技能	通則範例
統計與機率	關聯模式 雙變量測量數據 雙變量類別型資料	散布圖；分群；異常值；關聯；迴歸直線；斜截式；類別型資料；雙向表；相對次數	·畫出並解說雙變量測量數據散布圖以研究兩個數量之間的關聯模式。 ·嘗試用直線去描述含有線性關係的散布圖，並用此方程式來解題。 ·畫出並解釋對蒐集自相同主題的兩個類別變數的資料做摘要說明的雙向表，並運用相對次數描述變數間可能的關聯。	·散布圖代表雙變量測量數據並顯示可能的關聯。 ·雙向表經由展示雙變量類別型資料的相對次數以決定可能的關聯。

來源：Based on the United States Common Core State Standards for Mathematics (pp. 52-53).

在數學科中，技能和特定構成概念（organizing concept）及相關概念（related concept）不可分離；但在歷史等其他學科領域，技能可以廣泛應用在所有社會科的內容中。因此，社會科的技能就不會跟特定的相關概念放在表格（如表 3.1）中呈現一對一的對應關係。所有社會科的技能會被放進表格下方的格子裡，以便在設計學習經驗和評量時，能自由選擇想要連結的內容。然而，對於英語文或其他歷程導向的學科，技能和構成概念及相關概念不可分離，所以在表格中會放在一對一的對應位置。數學及歷程導向的學科如英語文和外語等，必須採取螺旋式設計，逐年級增加技能的深度與複雜度。

數學是強調概念的學科

　　當我們想到數學，通常我們想的是運用技能以解答問題。因為數學被視為以技能為基礎的學科，你或許會好奇為何本書作者們認為數學既是**概念導向**又是**歷程導向**的學科。這個觀點的理由是基於：數學是一種概念性關係的語言。概念和概念性關係透過歷程和技能來表達，但架構起學科的不是歷程和技能。架構起數學的是數學概念和概念性關係；示例可說是佐證的「事實」。例如，減法或代數方程式等概念以特定的演算法為基礎，所以我們認為數學主要是概念導向的學科。這引起一個有趣的問題：「如果數學是一個需要想通的概念性關係語言，我們為什麼常把它教成一套需要操作的技能呢？」令人費解！或許我們一直專注在操作數學的事實性技能，卻**兀自以為**學生正在形成概念性理解。那麼，傳統上我們是否一直把數學當成是二維度模式呢？是時候以三維度模式來認識數學，並且延伸關注以包含數學的**概念性理解（概念性關係）**了。歷程和技能是建立理解的支持基礎。如果學生超越機械性的運算技能進而瞭解數學的概念基礎，他們就會展現美國各州共同核心標準所要求的數學素養。

　　下一部分將檢視數學以及其他學科的概念性理解（通則）範例。你是否能找出每個陳述中的概念並畫底線？要記住，通則的定義是：「敘述兩個或多個概念之間關係的句子，可以穿透時間、跨越文化或情境而遷移。」

概念和學科專屬通則的範例

概念包括宏觀和微觀兩類。表 3.2 舉出宏觀概念的範例。宏觀概念較廣博，且可以在許多不同學科領域遷移應用，因此可以成為絕佳的「概念透鏡」，用來聚焦主要的學習主題（如單元標題）。宏觀概念也是統整跨學科單元中的思維的優質透鏡。例如，學習「納粹大屠殺」單元時，就有好幾個宏觀概念可以作為學習上適用的透鏡或焦點；可用的透鏡包括：人道／非人道、勇氣，或者壓迫。

▶ 表 3.2・宏觀概念的範例

權力 （Power）	改變／持續 （Change / Continuity）	行動／反應 （Action / Reaction）	形式／功能 （Form / Function）	轉移／轉型 （Shifts / Transformations）
相互依存 （Interdependence）	價值 （Value）	認同 （Identity）	永續 （Sustainability）	設計 （Design）
交互作用 （Interactions）	觀點 （Perspective）	悖論 （Paradox）	系統 （System）	順序 （Order）
力 （Force）	美學 （Aesthetics）	轉變 （Transition）	關係 （Relationships）	同理心 （Empathy）
溝通 （Communication）	結構 （Structure）	創意 （Creativity）	空間 （Space）	

微觀概念則更緊密連結專屬的學科，也比宏觀概念更明確具體。有些微觀概念可以有限度的跨學科遷移（如美術的**線條**和數學的**線條**）；但有些則明顯的屬於某個特定學科（如自然科學的**棲地**或歷史中的**革命**）。表 3.3 舉出幾個不同學科中微觀概念的範例。

▶ 表 3.3 · 學科專屬的微觀概念範例

自然科學	數學	體育	社會
細胞（Cells）	角度（Angles）	耐力（Endurance）	遷徙（Migration）
滲透 （Osmosis）	二次方程式 （Quadratics）	柔韌性 / 敏捷 （Flexibility / Agility）	人口 （Population）
胞器 （Organelles）	幾何圖形 （Geometric Figures）	體適能 （Fitness）	空間關係（Spatial Relationships）
自然資源 （Natural Resources）	估計 （Estimation）	策略 （Strategy）	地形 （Landforms）
生態系統 （Ecosystem）	乘法 （Multiplication）	順勢完成（動作） （Follow-through）	稀缺 （Scarcity）
適應 （Adaptation）	斜率 （Slope）	團隊合作 （Teamwork）	資源 （Resources）

通則可以用宏觀概念來建構以達到更廣的跨學科遷移性：

「相互依存的系統倚賴各部件有效率的共同運作。」

「改變隨著時間的推移而發生。」

有些教育工作者相信，通則越大、遷移範圍越廣就表示想法越好，其實不盡然。打造廣博的想法能顧及**廣度**（不同情境之間較大的遷移性），但無法提供理解的**學科深度**。因此，在一個課程單元中應該只有一或二個較廣博而抽象的通則（宏觀面）；為了確保概念深度，單元中大部分的通則應該用來呈現較微觀的想法。一個單元中的通則總數會因單元長度與學習年級而不同，但平均要有五到八個。較宏觀的通則會包含該單元的概念透鏡，也就是為了聚焦於單元標題並吸引概念性思維的宏觀概念。圖 3.2 列出幾個不同學科的通則來闡明理

> 打造廣博的想法能顧及廣度（不同情境之間較大的遷移性），但無法提供理解的學科深度。

解的概念性深度。

　　撰寫清楚有力的、代表學科中最重要的概念性理解的通則，可以讓擔心自己課程變成脫韁野馬的教師感到安心，同時，也能看到學生需要內化的最重要想法都有了事實佐證的清楚陳述，簡直太棒了！

數學：四年級分數
- 等值的分數代表一個整體的相同部分，只是以不同方式分割。
- 分數的分子和分母同乘一個相同的比例因數（scale factor），會得到一個等值的分數。
- 在用小數來代表分母是十的倍數的分數時，位值（place value）提供一個有效率的方法。
- 兩分數在比較大小時，需要算出兩者之間的最小公分母或分子。

社會：九年級地理
- 人們定義地理區域來標記（reference）複雜的人類／環境系統。
- 遷徙、戰爭與貿易會引致語言、習俗與想法的擴散。
- 當國家實現他們實質的和政治的利益時，會形塑其經濟與政府政策以促進貿易關係和政治網絡。
- 一個地方的地理會因為人口成長造成的適應與改變過程而有所變動。

自然科學：十年級生態學
- 生物系統經歷改變並尋求體內恆定（homeostasis）。
- 可獲得的資源決定生物成長、發展與存活的發展潛力（capacity）。
- 能源流動於生物和環境系統之中。
- 生產者和消費者共創一個相互依存的系統。

▶ 圖 3.2・學科的通則

問題討論

❶ 知識性結構如何反映出二維度和三維度課程模式之間的關係？

❷ 教師們最終應該將教學的目標訂在知識性結構的什麼地方？為什麼？

❸ 理解會在哪些層級遷移？

❹ 你如何向校內新進教師解說知識性結構？

❺ 概念為本的課程架構設計與傳統課程架構的不同之處為何？

❻ 為何概念為本的課程架構對教師比較有用？

❼ 學生如何受惠於概念為本的課程與教學？

總　結

　　本章回顧了知識性結構以釐清主題／事實、概念、通則／原理、理論彼此之間的關係。這些組成要素的定義以及彼此的關係對任何概念為本的教育工作者都是重要的資訊；缺乏這些基本理解則無法成為概念為本的教師。本章以數學科為例，對以概念結構為基礎來設計學校、地區或國家層級的課程架構提出建議。本章最後簡短討論宏觀和微觀概念，並分享一些專屬數學、地理與生態學的學科通則。接下來，第四章將說明並探討歷程性結構對課程設計與教學的重要性。

CHAPTER

04

歷程性結構

本章介紹與知識性結構相輔相成的歷程性結構。歷程性結構展示英語文、視覺及表演藝術與外語等歷程導向的學科中,「歷程、策略與技能」跟「概念、通則與原理」之間的關係。這些學科領域將其概念性理解、策略與技能應用在知識性結構所提供的內容上,但學科的運作則扎根於歷程性結構。

歷程性結構

由於美國各州共同核心標準以及「教出深度理解」的需求受到重視,此刻正是將注意力轉向歷程性結構的適切時機(見圖 4.1)。正如艾瑞克森描繪知識如何建構的圖示,歷程性結構闡明了歷程、概念、通則與原理等要素之間固有的關係。

如同《設計概念為本的英語文課程:符合課綱標準與智識整全性》(Lanning, 2013)書中所述,在歷程性結構的概念層級,我們從「會做」朝向「理解」**為什麼**我們這麼做。雖然必須從各項操作中萃取出概念作為理解的基礎,但概念

> 在歷程性結構的概念層級,我們從「會做」朝向「理解」**為什麼**我們這麼做。

> 把歷程、策略和技能當作協助學生投入並探索學習內容的工具。

不是那些「做」的動作(例如運用某種歷程、策略或技能)。為了解說歷程性結構,我們把**歷程**、**策略**和**技能**當作協助學生投入並探索學習內容的工具。

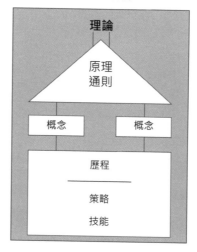

▶ **圖 4.1.歷程性結構**

來源：Copyright 2012 by Lois A. Lanning.

歷程性結構中各個構成要素與定義如下，並舉例說明：

1. 結構的底層：歷程性結構的最低層級包含**歷程、策略**與**技能**。三者都包括在這個部分；其中歷程最廣博也最複雜，策略居次，最後才是技能。因為歷程導向學科中的概念可以從三者之一萃取而得，所以在圖形中將這些動作群聚在一起。

● **技能**　技能是隱含於策略中較小的操作或行動，適當運用技能會「讓」策略順利進行。技能可以鞏固較複雜的策略（Lanning, 2009）。後續將有進一步說明。

● **策略**　策略可以當成是學習者有意識（後設認知的）的修正並監控，以改進自己學習表現的系統性計畫（Harris & Hodges, 1995）；策略是複雜的，因為其中包括因應不同情境的許多技能。若要有效運用策略，必須要能掌握構成策略基礎的各種技能，以針對主題流暢又靈活的運用，並適切整合其他相關技能與策略。例如：運用背景知識、形

成預測、做出結論都是**推理**（inferring）策略中因應情境的技能。要有效運用**推理**策略，學習者必須能靈活流暢的運用相關基礎技能（Lanning, 2009）。

● **歷程**　歷程是產生結果的行動（actions）。歷程持續進行而且沿著不同步驟前進，在此過程中的輸入如教材、資訊、他人的建議、時間等都可能轉換或改變歷程流動的方式。歷程界定了產出的內容——例如，寫作歷程、閱讀歷程、消化歷程、呼吸歷程等。這些歷程都是持續進行直到介入發生時才停止。產出的品質可能會依輸入（如上述）而不同。在歷程的不同步驟中，輸入可能使歷程展開的方式轉變，產生的結果因而可能顯現不同於原本預見的特性（Lanning, 2009）。因此歷程複雜而抽象，而最終結果的品質則取決於如何運用歷程中適切的策略和技能組合。

2. 在歷程性結構中，再往上一個層級是**概念**，用兩、三個字詞（名詞）或短語代表。概念刻劃了從學習內容（主題）或複雜的歷程、策略與技能中萃取出的心智構念或想法。我們用概念來撰寫出希望學生在單元結束時能夠領悟的理解陳述（通則）。就如同之前在知識性結構中對概念的定義：概念不受時間限制；它們提供自古至今日漸精深的智慧。因為概念具有普世性，從任何文化中都可能找到具代表性的事例。

3. 最後，我們到達歷程性結構上方的三角形：

● **原理**　原理的定義是基本的規則或真理。在英語文等歷程主導的學科中，有些人視語文的文法或用法等規範性規則為原理，另外還有藝術的設計原理、音樂的作曲原理等。

● **通則**　第三章將通則定義為思想摘要的陳述（statements that are summaries of thought）。通則回應了「當我完成學習，我會瞭解什麼？」這個重要的問題。再次強調：通則的正式定義是兩個或更多概念之間關係的陳述。原理和通則的區別在於：如果一個想法對該學科很重

要，但並非在所有情境都可以證明為真，那麼通則就需要在陳述中加入限定詞。為避免混淆，在概念為本課程中將只用**通則**這個詞，而不用費心去分辨某一個理解的陳述應該是原理還是通則，因為那不是重點；重點是要找出我們希望學生在學習單元結束時，能夠達成的重要而可遷移的理解。

● **理論** 如第三章所定義的理論，有些跟語言、藝術和音樂等學科有關，因此歷程性結構之中加入了理論這一層

> 概念為本課程與教學的
> 重點在於教出理解。

級。再次強調，概念為本課程與教學的重點在於教出**理解**，換句話說，就是教會概念和通則。這樣做將會大幅提升學生學習的水準！

　　你可以看到**概念、通則／原理**以及**理論**這些術語同時出現在知識性結構和歷程性結構。這四個術語在兩個結構中的定義相同，所代表的關係也相同。

　　我們來看看各個歷程主導學科中，運用歷程性結構撰寫通則的幾個範例。表 4.1 第一欄先列出不同歷程性學科的課程單元標題範例。第二欄則列出在單元學習結束時，期望學生能達成的歷程、策略與技能範例。請注意，在英語文科中，這些學習期望（標準）直接取材自各州共同核心標準。第三欄中，如圖 4.1 歷程性結構所示，概念提取自歷程或單元學習內容中的重要想法。最後一欄則顯示依據所列出概念撰寫而成的通則範例。

▶ 表 4.1‧歷程性學科的通則

學科領域 / 單元標題	歷程 （策略 / 技能）　　　→	概念　　　→	通則
英語文： **傳誦不絕的故事**	‧ CCSS.ELA-Literacy.RL.K.9：在提示和協助之下，比較並對照熟悉的故事中人物角色的冒險與經歷。 ‧ CCSS.ELA-Literacy.RL.K.2：在提示和協助之下，重述熟悉的故事且詳述主要細節。	熟悉的故事、敘事元素、人物角色、主要觀念、順序	人們會透過描述人物角色的冒險、場景、遭遇的難題與解決方法來重述熟悉的故事。
外語 / 初級西班牙文： **用餐時的傳統**	‧ 運用食物字彙 ‧ 表達對食物的意見與評論 ‧ 運用肯定的非正式命令式提出要求 ‧ 併用肯定的非正式命令式與直接受詞代名詞 ‧ 運用字根動詞如：pedir / probar / preferir / poder	口味 / 味道、傳統、指令	動詞變化可以表達出動詞跟人、數量、型態、時態、性別、語氣及 / 或語態有關的細節。
音樂： **民謠**	‧ 聆聽並萃取（辨識）出音樂教材中的音樂概念 ‧ 聆聽並寫出模式或民謠中的韻律	節拍、韻律、音值、調性、詮釋、音樂元素的組織、作曲、即興演奏	聽出韻律或旋律的模式能建立作曲的模型。
藝術： **視覺素養** （Visual Literacy）	‧ 運用不同的媒材、技法與歷程來傳達想法、經驗和故事 ‧ 描述不同材料、技法、歷程如何引發不同的回應	暖、冷、濃淡、色調、互補、原色、二次色、三次色、傳達、科技	獨特的顏色和調配能吸引注意力、傳達情感並使圖像更令人難忘。

　　通則代表在單元學習結束時學生要領悟的重要理解。依學習年級與單元長度，典型的課程單元要有五到八個通則。在藝術、音樂、外語、英語文等歷程為主的學科單元中，雖然也可能會有幾個針對學習內容的通則，但大多數通則是表示跟歷程有關的重要理解。

歷程性結構如何引導課程與教學

知識性結構和歷程性結構展示出概念的**系統**如何組織內容知識主導、歷程主導或是兩者兼具的學科。綜覽過去的課程，尤其歷程為本的學科中，有件事一直被省略：

> 綜覽過去的課程，尤其歷程為本的學科中，有件事一直被省略：覺察到複雜歷程中隱含了一些重要而可遷移的概念。

覺察到複雜歷程中隱含了一些重要而可遷移的概念。學生面對將閱讀或寫作策略應用於學習內容的期待，如摘要文本、寫一段強而有力的導言等，卻不瞭解這些策略**為何**重要，也看不出這些策略如何對閱讀和寫作歷程有幫助。如此一來，學習只是在特定情境下、以單一技能為基礎的應用，學生因而更難以記憶與遷移應用。歷程性結構說明了跟瞭解知識一樣，唯有先懂得觀念，才有可能瞭解歷程。

概念為本的課程幫助教師們辨識那些將會成為學區、學校或各年級教學核心的通則，而不是得要靠個別教師自行想出課程單元中重要的可遷移理解（通則）。因為我們的目標是啟發學生**導向深度、可遷移理解的思考**，所以教學設計採取探究取向；教師運用實例並提出明確與開放性的問題，引導學生領悟單元的通則。第五章會更深入討論教學設計。

最後，無論是哪個學科，設計概念為本的課程時，我們必須考量知識和歷程兩者，但學習任務（learning task）通常會偏重其中一方。以教兒童如何騎單車為例，的確有些交通規則、單車零件名稱、號誌等知識需要學會；但剛開始學習時，騎乘的策略與技能才是成為單車騎士的核心。孩子須先學習並練習平衡、出發、停車、轉彎等騎單車的基本技能；接著要成為嫻熟的騎士，他們必須理解騎車的歷程以及單車與騎乘環境知識中的概念，如距離、

耐力、速度、風速、公路騎行與山徑騎行等。專家級騎士或競賽選手的理解更超越個別概念層級,進而理解這些概念之間的關係,形成通則。這些通則可以遷移到其他型態的騎乘,例如摩托車、獨輪車、滑板等。你是否看出當專才(expertise)發展時,汲取自知識與歷程的重要概念沿著橫向與縱向融會貫通?

現在我們來思考一下,若要教兒童「認識自己的政府」,首先會界定課程單元需要納入的內容知識並成為教學重點。學習的確會包含閱讀、寫作、報告等歷程與技能,但這些技能只是用來支撐並提升內容的學習成效,而不是用來決定學習的內容。一旦孩子對內容中的重要觀念達到概念性理解,就能夠把所學遷移到世界上其他地方的政府,並且能比對出相似點與不同點。再次強調,在此過程中會學習技能,但或許不會到達深度理解的程度,因為在這個例子中,內容知識是教學的主軸。

知識與歷程明顯不同,但如之前所討論,兩者之間會發生交互激盪;挑戰則在於找出教學與學生學習評量間的適當平衡。如果教學和評量偏重知識而輕忽歷程(反之亦然),理解常常只停留在表面程度。在專才養成上有些重要的契機,此時內容概念的理解與歷程概念的理解都會發生。我們必須重新評估是否在數學、文學、社會等學科中,僅以深入理解內容概念作為教學目標,而在技能面只要「會做」就好。我們不能兀自假設學生會自己形成對於「要做什麼」以及「如何去做」的理解;換言之,教師需要審慎決定什麼時候必須先達成歷程的概念性理解,學生才可能完整理解內容。刻意設計教學,使融合知識與歷程兩者中重要概念性理解的教學與評量不時發生,將能陶冶學習者為面對 21 世紀的複雜性做好準備。

問題討論

❶ 瞭解歷程性結構的要素之間的關係,如何加深你對人們學習複雜歷程的理解?

❷ 概念為本的課程設計如何促進我們對於人們學習的理解?

❸ 歷程、策略與技能之間的區別為何?在什麼時間點瞭解這些區別是很重要的?

❹ 在歷程主導的學科中,若只運用知識性結構作為設計課程的模式,可能會造成什麼後果?

總 結

　　歷程性結構描繪出歷程發展到通則(可遷移的理解)的階層關係。當我們將對歷程性結構的理解應用於歷程主導的課程與教學時,便使學生對複雜歷程的學習超越了一般性能力,進而對隱含於這些歷程中的重要概念獲致可遷移理解。運用概念與通則來引導教學能使學習成果維持更久,並賦予學科中重要的歷程、策略與技能關聯性。

　　歷程性結構提供附錄資源 C、D 和 E 中課程單元的基礎架構。檢視其中的單元網絡和通則時,試試看你是否可以解說該課程單元和歷程性結構之間的關係。《設計概念為本的英語文課程:符合課綱標準與智識整全性》(Lanning, 2013)一書中也針對國小、國中、高中階段,提供了另一個歷程導向學科——英語文的課程設計模式。

接下來，第五章將探討如何發展成為概念為本教師。這是一段多面向並需要耐心與毅力的旅程；然而一路走來，總是有教師一再告訴我們，這是他們所經歷過專業收穫最豐碩的學習經驗之一。

CHAPTER ●

05

發展中的
概念為本教師

　　一個人要如何定義並實現個人的成長？包括我們自己在內，人們學習新事物時，通常需要他人的協助。雖然在熱門電影、書籍和網路遊戲中，經常把英雄描繪成憑藉自學就能夠克服困難、解決複雜問題、快速成為專家的自立自造者，但真實世界往往不然。真實世界中絕大多數成功故事的背後都有良師益友與支持者，而保持思想開闊和接受幫助則是學習歷程的第一步。

銜接「知道」、「會做」與「理解」間的落差

　　教育工作者專業成長的核心目標在於培育與深化教學與學習的專業知識。過去的專業成長經驗意味著參加研討會或邀請講師到學區或學校，這些方法能夠快速提升人們對一個主題的覺知及基本知識、與來自不同地方的教師建立人脈，以及激起進一步學習的興趣。雖然專業成長的演講種下新想法的種籽，但除非有後續步驟延伸並運用所得知識到實務中，專業成長的投資常冒著摔落執行斷崖（implementation cliff，譯按：指實際執行時，理論與實務間的巨大落差）的風險。為了避免這樣的挫敗，學校體系正加大力度，提供教育同仁融入工作中（job-embedded）的專業成長機會，讓同仁協同合作，運用從參與研討會、閱讀書籍（例如本書！）或聆聽演講中獲得的操作化知識。這種方法為深化理解鋪路，就此，教學輔導教師及建立專業學習社群是目前公認達成目的之高效能方法。

> 圍繞新想法的專業合作有助於避免執行斷崖的產生。

協作的概念為本教學單元計畫

　　思考一下：讓夥伴們運用新的學習為基礎幫你重新設計教學單元計畫，然後讓同事們來觀課的想法。接受密切合作的夥伴對你的教學實務提供支援或想法，對你來說困難嗎？如果是的話，你不是異類。你認為是哪些因素形成了這種態度？原因也許包括本章開頭所描述的社會刻劃的英雄信念：害怕被評斷、專業上的不安全感，或者更糟──是一種不需要他人忠告的錯覺。但是，如果我們無法「察納雅言」（coach-able），學習歷程會比正常狀況更加困難而緩慢。當我們打開心胸聆聽新想法，並接受支持者和回饋者提供的幫助時，最容易銜接知道、會做與理解間的落差。布魯斯·喬伊斯（Bruce Joyce）與艾茉莉·卡宏（Emily Calhoun）的研究說明了教學輔導、讀書會及同儕回饋的影響力（參見表 5.1）。

▶ 表 5.1・研習成分及其影響程度的關係表

研習元素	對知識層面的影響	對短期應用的影響（參與者百分比）	對長期應用的影響（參與者百分比）
研究理論（閱讀、討論、講述）	非常正面	5-10%	5-10%
理論加上示範（十項或更多）	非常正面	5-20%	5-10%
理論加上示範，再加上課程單元和教學單元規畫	非常正面	80-90%	5-10%
以上全部，加上同儕輔導	非常正面	90%+	90%+

來源：Joyce & Calhoun, 2010. 經許可使用。

　　對致力於概念為本的教師而言，接受了改善所有兒童學習的挑戰以及卓越教學實踐的要求後，接下來必須轉變對教師如何合作以改善教學技術的既定看法；教師孤立是進步的阻礙，新的教學環境需要的是嫻熟團隊合作並能有效輔導同僚的教師。事實上，決定閱讀本書證明你想更瞭解如何成為精熟的概念為本教師，及／或與概念為本道路上的其他同僚一起研究這個主題。閱讀和討論本書以及兩位作者先前的著作都能達到這兩個目的。協作式課程設計的威力不只獲得大量文獻支持（Hattie, 2009），還能讓新的學習更加有趣。實踐概念為本的教學、用概念為本的模式輔導他人以及接受輔導，有助於你的進展更加完善。

描述優質教學的通用術語

　　在更具體討論如何發展成為概念為本的教師之前，讓我們先檢視一些反覆出現在優質教學討論中的術語。為了清楚說明，這些術語被分為三個大類別，雖然有人可能主張某個屬性可以換到其他類別中。重點在於我們調整出一致的定義以分享共通意義，同時這些定義努力將這些熟悉的術語跟概念為本的教學建立連結，你很容易便能在本章後段有關概念為本的理解、教學單元計畫及教學的直接或間接敘述中，看到這些想法的參考說明。

符合所有學習者需求的教學單元屬性

　　● **清楚的學習目標。**清楚的學習目標指出教學單元中最重要的 **知識**（Knowledge）、**理解**（Understandings）、**技能**（Skills；學生會

> 學習目標是結合教學單元中所有元素的關鍵。

做什麼，Do），學習目標是結合教學單元中所有元素的關鍵，包括：提問、指定任務或學生作業、教學技巧及適切的評量等。在概念為本的教學單元中，總體目標在於帶動學生從探究中，深入**理解**學科中重要的可遷移想法（通則）。通則可能在一堂課達成或需要一系列的課程。教學單元目標還包括在學習歷程中建立必要的**知識**與**技能**，概念為本的課程單元會確認教師在教學單元中運用的理解、知識與技能。

● **難度合宜的相關學習經驗。**所有學生的學習經驗，包括上課、作業、活動、任務等，都必須運用有趣且相關的內容以吸引並激勵學生在智識面與情感面投入學習，同時提供每個學生適度的挑戰。人類生而具有智性又好奇，當學習經驗處於適當的挑戰難度時，學生需要專注與努力以滿足智性與好奇；然而，太難、無聊或低層次的任務，很快就會導致學生喪失興趣和／或逃避；此外，學習經驗之間也應該要有合乎邏輯的連結，才能建構在學生先前的學習之上，做好後續學習的準備。如果學習任務和學生的生活有關，能真實連結學生的生活經驗，學生的學習就得到最大化的機會。

● **學習的機會。**概念為本的課程與教學相信學生需要時間理解他們正在學的內容、知識和技能，才能達到概念的理解（通則）。學生需

> 學生需要時間理解他們正在學的內容、知識和技能，才能達到概念的理解（通則）。

要時間練習新的技能，而在情境脈絡中學習技能的效果最好，因為情境提供意義建構（sense-making）與建立新知識的機會。理想情況下，學生總要有70% 的課堂時間花在前文所述豐富的學習經驗。假如課堂中大多數時間都是教師在說話，學生只是被動坐著，學習的機會就大大減少。

● **差異化**。每個學生都有不同的需求,教學如何接納與處理這些不同的需求,是有效教學的另一個關鍵屬性。如何提供適當的差異化教學呢?教師首先要從各種面向充分瞭解學生;市面上有很多如何進行差異化教學的資源,最值得關注的是卡若·安·湯琳森(Carol Ann Tomlinson)的論述(Tomlinson & Imbeau, 2010)。差異化的課程調整主要在於以下三方面:學生應該要精熟的**內容**(content)、學生用以獲取內容的**歷程**(process)以及學生為展現他們學習而產出的**產品**(product)。在概念為本的課程中,所有學生需要明白的概念性理解始終如一,而內容、歷程和產品中的鷹架則隨時調整,足以確保學習沒有打折扣,因此概念為本/想法為中心的課程能夠讓有效的差異化教學具體可行。

● **評量方法扣合目的**。學生評量是重要的教學助力,少了課程中哪些部分成功、哪些部分不成功的證據,教學將無法回應學生的需求。而且評量方法必須扣合學習目標,否則評量所得資料無法指出教學所需的調整,也無法正確顯示學生的進展。

教學策略/技巧

教學技巧是教師用來落實學生的理解、知識和技能的**方法**(means)。儘管教學技巧有助於引導學生朝向所規劃的學習目標思考,但不應該變成課程或學生關注的焦點。教學技巧包括角色扮演、使用資料組織圖(graphic organizer)、合作小組及讀者劇場等眾多範例。每種技巧必須包括以下兩個功能:

● **促進概念性思考的不同問題類型**。好的問題組合能夠幫助學生建構自己的理解。概念為本的課程運用事實性、概念性與激發性這三種問題類型

來引導學生朝向目標通則思考。當學生尋求疑問或議題的解答、尋找模式和關係、連結具體實例與概念構想時,問題提供了必要的支持或巧妙的推力(nudge)。由學生自己在學習歷程中建構理解,而不是只聽老師說什麼是重要的,學習結果更容易記憶、也記得更久。

● **及時而明確的回饋**。如同提問一樣,回饋也廣受肯定是教師協助學生不偏離正軌、延伸思考並促進自我反思與監控最有效的方式之一。像「很好!」「真棒!」「錯了,那不對」等評語所呈現的回饋品質,不足以達到塑造獨立學習者的目標。有效的回饋及時而針對特定的學習情境,運用描述性而非評價性文字,能幫助學生聚焦於學習歷程,也可能具有高度激勵效果,如:「你的用字選擇真的把我拉進了你的文章中!當我讀到感恩節期間你祖母家廚房的生動描繪時,影像立即在我的腦中浮現!」

 ## 教學單元設計

以下將界定教學單元設計的兩大類別。

● **演繹式教學單元設計**(deductive lesson design)。教學開始的時候,教師先對學生說明學習目標,接下來依照事前規劃好的教學技巧,進行任務、活動、作業等學習經驗,一路帶著學生從知識、技能或理解等學習目標推演到具體實例。

● **歸納式教學單元設計**(inductive lesson design)。教師先提供學生具體實例,透過活動/學習體驗、例子/非例子、引導學生思考的問題等探究歷程,讓學生開始找出代表性的通則(可遷移的想法)。換句話說,學生從具體實例走向更抽象而可遷移的想法及理解。概念為本的課程與教學利用歸納

式教學單元設計來引導學生達到概念性理解，但在教導課程中的事實性知識和技能時，有時演繹式的教學結構也適合運用。

如你所見，有效的教學單元不能從現成的課程設計中抓來充數，有效的教學單元中包含了許多要素，而教學的藝術創造了其中自然的流動，這就是為什麼積極而經驗豐富的教師從不停止學習。接下來，我們將在概念為本教師的發展脈絡中，更深入地檢視這些課程屬性。

發展中的概念為本教師

發展中的概念為本教師可能沿著不同路徑發展，下列三個範疇描繪出教師專業成長的核心部分：

- ・瞭解概念為本的課程與教學
- ・概念為本的教學單元計畫
- ・概念為本的教學

> 成為概念為本教師歷程的各階段，跨越了多個範疇：
> ・瞭解概念為本的課程與教學
> ・概念為本的教學單元計畫
> ・概念為本的教學

每位教師的概念為本旅程都是獨一無二的，並不一定要按照順序逐一精熟這三個領域才能踏上旅程。

● **瞭解概念為本的課程與教學**。前幾本探討概念為本課程的書中（Erickson, 2007, 2008; Lanning, 2013）深入探討了發展概念為本課程單元的原理、歷程以及步驟化的撰寫指引。艾瑞克森的著作中提供了許多社會、自然科學及數學等內容導向學科的概念為本課程實例，而蘭寧的著作則論及歷程導向學科的概念為本課程的設計步驟（蘭寧 2013 年的著作聚焦於英語文，但其模式同樣適用於其他歷程導向的學科，例如外語和視覺及表演藝術）。本書的目的不在於提供另一套課程設計的資源，而是將我們早期成果中的重點結合在一起，第一章彙總概念為本課程的基本原理，其他章節則提供概念為本課程單元的重要元素。

在開始重新設計教學，以更精確的瞄準概念性理解之前，教師先要掌握的是如何建構概念為本課程以及為何如此建構。如果直接給予教師概念為本的課程，卻在實施此課程時欠缺配套的專業成長，問題很快就會浮現；而如果你修改既有課程設計、提高對思考的期望並導入概念性理解這個額外的課程面向，卻沒有解決實際教學者所需的技能與知識，最終結果會是教學實施者的挫敗感，以及學生產出跟課程修改前一樣的學習成果。

所以第一個範疇，是要瞭解概念為本的課程與教學，列出充分理解概念為本課程所需的特質，以確保教學決策忠於概念為本教學及學習的目的。

● **概念為本的教學單元計畫**。教學單元計畫的重要性不容小覷，規劃過多細節固然會使教學舉步維艱，但是一個教師若抱持著「我的教學單元計畫就在腦袋裡」的想法走進課堂，不僅準備不足，也沒有盡到專業上的責任。雖然教學單元計畫並非萬無一失，但是將有效的教學單元的關鍵要素在教學前先寫下來，可以釐清思考、作為未來計畫的參考、設計協作的檔案文件，並展現教師致力於優質教學的證據。概念為本的教學單元計畫標示出一條朝向概念性理解的慎思之路。優質課程有許多面貌，如果把計畫付諸機運，那可是冒了努力教學卻得不到學習回報的風險……還不能怪罪於學生！

課程設計中的思考越多，順利執行計畫且達成學習目標的可能性就越高。

規劃概念為本的教學單元時，每個要素之間必須要相互連貫，這是指：

- 用以佐證學生應該瞭解的通則（概念性理解）的事實性內容與技能的實例；
- 用以引導學生從事實性知識（或實例）開始思考，並銜接到通則（概念層級的理解）的引導問題；
- 設計學習經驗（學生作業）以支持學生知識及／或歷程的學習，並佐證如何引導出學生需要實現和理解的通則；最後，
- 校準評量以扣合教學單元既定的知識、技能與理解等學習目標。

再次強調，規劃概念為本教學單元時有許多的因素需要考量，而模板（template）有助於組織以上元素，並使計畫更為可行。同儕協作則是經過驗證可以加快課程設計歷程的方法。

● **概念為本的教學**。概念為本的教學將教學單元計畫轉化為行動。概念為本的教學聚焦於不斷推動學生朝向深入的概念性理解。觀課後的回饋和討論、分析多元學生評量數據以及自我反思，都能夠改善概念為本的教學，但是發展專業需要時間。本書作者強調概念為本的教學需要會思考的教師，進而啟發會思考的學生。而杜佛、杜佛、伊克與馬尼（DuFour, DuFour, Eaker, & Many, 2006）則一再重申，教師專業社群的課程協作並持續分析這些課程對學生學習的影響，是改善專業實踐和提高學生成就的有效方法。

接下來，讓我們從概念為本教師專業發展三個範疇的定義進入三者的規準。首先是**發展中的概念為本教師**——瞭解概念為本的課程與教學，表 5.2 就瞭解及支持概念為本的教學與學習方面，提出教師可能走過的各學習階段的規準。理解的細緻複雜程度並非只靠一套規準便能掌握，但可提供教師及

行政人員具體的回饋意見來監督進展。

再來是**發展中的概念為本教師**——概念為本的教學單元計畫，表 5.3 描述徹底思考及規劃一個優質教學單元的部分內容。以往每個週日下午，我們共同規劃下週教學的光景仍然歷歷在目，「概念為本的教學單元計畫」的連續進程乍看之下或許會令人覺得繁重而不知所措，但在演練和協作之後，許多屬性都能順勢合併到設計模板之中，目的是在實際教學前讓教師認真想清楚優質教學單元的核心面向。雖然影響教學單元成功的因素很多，但不當或馬虎的計畫是造成教學跌跌撞撞的首要原因。

你將在表 5.4 中看到音樂教學單元計畫的範例，以及表 5.5 的數學教學單元範例，請留意每個教學單元是如何的精心規劃，以及如何呼應表 5.3 規準中的元素。他們都是超棒的概念為本教師！

最後是**發展中的概念為本教師**——概念為本的教學，表 5.6 檢視新手、萌生中、專家級概念為本教師的典型行為。當然，一套規準不可能全然涵括教學的細緻複雜；然而，這些描述可能對完整實施課程的關鍵部分激發出新見解。

▶ 表 5.2・規準：發展中的概念為本教師——瞭解概念為本的課程與教學

	新手	萌生中	專家
支持概念為本的教學與學習	・指出一、兩個支持概念為本教學與學習的理由	・詳細說明支持概念為本教學與學習的主要理由	・引用相關文獻支持，詳細說明支持概念為本教學與學習的理由
概念為本課程與教學的構成要素 ・概念（宏觀－微觀） ・概念透鏡 ・綜效性思考 ・通則 ・層次不同而且扣合通則的引導問題 ・關鍵知識與主要技能 ・實作評量與活動	・能夠界定三維度概念為本課程模式不同於二維度模式的部分元素 ・在概念列表中，能夠區辨宏觀概念與微觀概念 ・會定義綜效性思考，但還未能解釋讓學生發生綜效性思考的設計方法	・能正確使用概念為本的術語，但可能還說不清楚每個構成要素的理論基礎 ・當審視概念為本課程及／或教學時，能夠辨認出三維度元素 ・會解釋宏觀與微觀概念的差異，並說明為什麼知道其差異很重要 ・會定義綜效性思考，並提出至少一個教學技巧或策略以吸引學生投入綜效性思考	・運用正確的術語解釋概念為本課程的各個要素，並說明其理論基礎 ・當審視二維度課程單元及／或教學單元時，能夠提出如何改變成為三維度模式的建議 ・會解釋在概念為本課程與教學中，如何正確而有效的運用宏觀和微觀概念，以展現對兩者的紮實瞭解 ・會解釋綜效性思考的價值，並提供一個以上由自己設計、而且可明確吸引學生投入綜效性思考的教學技巧／策略例子
持續學習的承諾	・參與概念為本的發表；嘗試將二維度教學單元轉變為三維度教學單元的步驟	・參與概念為本課程與教學的專業成長發表，之後會嘗試將新的學習運用於實務 ・接受正式或非正式的輔導和指導等協助 ・獨力閱讀概念為本課程與教學的文章	・積極參與發表或讀書會，持續實施，並和他人溝通與協作（如輔導和指導）等，表達支持概念為本課程與教學的熱忱 ・透過分享學習和領導專業成長等方式，展現出深入理解的持續努力 ・持續反思並改善實作

來源：Copyright 2014 by Lois A. Lanning.

▶ 表 5.3・規準：發展中的概念為本教師——概念為本的教學單元計畫

教學單元計畫的構成要素	新手	萌生中	專家
教學單元展開 為即將展開的課程提供明確且具吸引力的摘要，使綜效性思考啟動	· 教學單元開始時說明學生將要體驗的活動，可能包括敘述課程將達致的通則	· 教學單元展開中包含概念透鏡，但與內容的連結過於薄弱，無法引發綜效性思考	· 透過概念性問題或概念透鏡展開教學單元，要求學生思考將要學習的知識及／或技能來引發綜效性思考
學習目標 學生需要知道什麼（事實性知識）、理解什麼（通則）以及會做什麼（技能）	· 教學單元計畫中條列學生必須知道什麼及／或會做什麼	· 學習目標指出學生必須<u>知道</u>、<u>理解</u>（通則）和<u>會做</u>什麼，但學習目標的數量可能超過課程時間內能夠深入完成的分量	· 學習目標呈現學生需要<u>知道</u>、<u>理解</u>和<u>會做</u>什麼，學習目標的數量有限因而可以提供深入、聚焦的教學與學習
引導問題 三種不同類型的問題（事實性、概念性、激發性）作為概念性思考與問題解決間的銜接工具	· 教學單元計畫中的問題大多聚焦在事實性知識和例行性技能	· 教學單元問題反映了事實性、概念性，也許也有激發性等不同類型的問題，並預見學生的迷思概念	· 不同類型的潛在問題（事實性、概念性、激發性）分列在通篇教學計畫中 · 教學單元計畫看得出出刻意努力幫助學生運用問題銜接事實到概念層級的理解
學習經驗 吸引學生投入智識，並能提供學生練習所學的任務，以達到目標通則（概念性理解）	· 教學單元計畫中敘明知識與技能目標，但學習經驗並未要求學生運用所學於相關脈絡中，以導向概念性理解和跨越學習情境的遷移 · 教學單元中必要的學生任務主要仰賴學習單、零散的技能及不真實或無法吸引學生智識面／情感面投入的事實	· 提供的學生任務試著讓學生追求概念理解，但沒有足夠的示例或鷹架，不足以提供學生領悟概念理解（通則）的清楚路徑 · 教學單元計畫表現出吸引學生興趣和提供學生選擇的設計用心 · 作業具有智識面和情感面的吸引力，但並非適合所有學生的挑戰	· 學生任務引導學生在領悟通則的相關脈絡中，歷經認知衝突並綜整學習中的知識、技能和概念 · 學生任務具有適當的挑戰性，具備智識面和情感面的吸引力，有意義、與學科相關，並提供學生適當的選擇 · 刻意設計學習經驗以強化跨越學科和情境的學習遷移

（續）

教學單元計畫的構成要素	新手	萌生中	專家
評量方法 根據教學單元的學習目標（知道、理解、會做）以及評量目的（形成性或總結性）選擇評量類型，以便掌握學生學習（歷程和成果）的證據，進而作為教學參考	· 評量類型有限，難以得知學生對概念性理解的學習和進展程度	· 評量類型多樣且有助於監督學生知識和技能的發展 · 理解的評量與目標通則之間的連結不夠清楚	· 評量類型多樣化，因而能夠評量學生發展中的知識、技能與理解（通則），並考慮到及時的回饋 · 評量提供關於學生學習歷程以及學習成果的相關資訊 · 重視學生的自我評量
差異化 學生應精熟的內容、獲取內容所運用的歷程、展現所學而產出的成品等，都要依據學生需求規劃調整。但所有學生都必須領悟的概念性理解（通則）則維持一貫不變	· 課程計畫中或許記敘了差異化，但與個別學生的學習需求欠缺關聯	· 針對在內容、歷程與產出等方面需要協助的學生（例如特殊教育、英語文學習者）備有差異化教學計畫 · 通常對全班一起解說迷思概念	· 有差異化教學計畫以滿足所有學習者的需求，並支持所有學生達到共同的概念性理解（通則） · 差異化教學依據多種數據分析所呈現的個別學生學習需求為設計基礎 · 根據預期的學生迷思概念及需求，預備並隨時可提供因應協助
教學單元設計 在演繹式教學單元設計中，教師在教學開始時會向學生說明教學目標（包括通則）。在歸納式教學設計中，學生經由探究過程建構自己的理解	· 教學單元採取演繹式設計（例如從目標推演到示例，相對於從示例導出通則）	· 教學單元設計試著採用歸納式教學，但提供的例子僅能含糊的表達概念性理解目標 · 可能包含演繹式設計以幫助基本事實與技能的學習	· 教學單元設計以歸納式為主，要求學生參與多面向探究歷程，並反思示例的共通連結，使學生得以形成並辯護自己的通則 · 可能包含演繹式設計以幫助基本事實與技能的學習
結束 計劃一種方法以共同審視學習的證據			

來源：Copyright 2014 by Lois A. Lanning.

▶ 表 5.4 · 概念為本模式的音樂教學單元——佛朗芯 · 艾文思設計

概念為本教學單元計畫

單元標題：傳統民間音樂作曲：聽想（audiation）　　**教　師**：佛朗芯 · 艾文思
科　目：一般音樂　　**年　級**：五
課程節數：3　　**課堂時間**：30 分鐘

教學單元展開（在課程開始時與學生溝通）：
　　今天我們要延續先前的聽想課程，這堂課你的大腦需要完全清醒！為什麼呢？因為你要仔細聆聽你的夥伴所唱和所演奏的各種形式，然後回唱和重現演奏。和夥伴練習後，你要回答這個問題：「**你認為作曲家為什麼要透過節奏和旋律形式來組織聲音？**」

學習目標：學生將理解（通則）、知道以及會做什麼（技能）

A. **通則（學生將會瞭解……）註：通則可能適用在一個或一系列教學單元中**
　1. 聆聽節奏或旋律的形式建立作曲模型。
　　引導問題
　　1a. 你聽到什麼旋律或節奏形式？（事實性）
　　1b. 音高（pitches）之間的距離與方向〔跳進（skip）、音級（step）；較高、較低〕為何？（事實性）
　　1c. 當你聆聽一段旋律形式時，在辨認、唱出或演奏音高前，你的頭腦需要思考些什麼？（概念性）
　　1d. 是否所有的音樂作曲都由形式組織而成呢？（激發性）
　2. 對音樂元素的個人詮釋先於即興創作或作曲。
　　引導問題
　　2a. F 調音階的 mi-re-doh 等音高在五線譜上的位置為何？（事實性）
　　2b. 如何重新安排音高，以形成新的旋律結構？（概念性）
　　2c. 為什麼對音樂元素的個人詮釋很重要？（概念性）
　　2d. 所有的即興創作都會被接受嗎？（激發性）
B. **關鍵內容（知道）**
　　瞭解音樂
　　· 音樂元素（音高與節奏）
　　· 音樂詞彙（**mi-re-doh**、較高、較低、音級、跳進、四分音符、四分休止符、八分音符、二分音符節奏）

（續）

反應音樂
- 音程（interval）之間距離的關係
- 旋律概念與動覺及觸覺反應之間的關係
- 旋律概念與口語反應之間的關係

C. **主要技能（會做）**
1. 經由唱出、手勢呈現及樂器演奏，聆聽並辨認節奏與旋律的形式。
2. 聆聽並寫出旋律和節奏形式。

教學策略 / 技能	差異化
學生兩人一組。一人用「loo」音節，以即興形式唱一段 doh-re-mi，另一人聆聽並用搭配的視唱法（solfa）及手勢指示音高回唱。學生互換角色。	將學生兩兩分組，讓具有較多歌唱經驗的學生與較少經驗的學生配對。
學生兩人一組，一人用奧福樂器（Orff instruments）即興彈奏一段 mi-re-doh 的形式，另一人不看樂器寫出聽到的音樂。學生互換角色。	學生要討論並評論他們聽到的內容。需要多聽幾次的學生可以要求重複演奏。

教材 / 資源：奧福、柯大宜（Kodaly）、達克羅士（Dalcroze）等訓練法；惠綾市第 21 學區（Wheeling School District 21）前後旋律聽寫評量。

EU#1 評量：請學生寫下一句話回應以下問題：
「你認為作曲家為什麼要透過節奏和旋律形式來組織聲音？」

結束：請學生與夥伴一起反思下列問題：
- 對夥伴唱出音高前，你的頭腦需要思考些什麼？
- 對夥伴演奏所選的音高前，你的頭腦在思考些什麼？
- 當你聽見夥伴演奏後，你如何知道要寫下什麼音高？

來源：Francine Evens, Community Consolidated District 21, Wheeling, IL.

▶ 表 5.5・概念為本模式的數學教學單元──卡梅拉・菲爾設計

概念為本教學單元計畫

單元標題： 教師：

學習單元標題：圓

科目：數學 年級：七

課程節數： 課程時間：一至二節課

學習目標：

通則（或核心理解）學生將瞭解⋯⋯

圓的直徑決定圓周。

引導問題

· 什麼是直徑？（事實性）

· 什麼是周長？（事實性）

· 圓的周長與直徑之間的關係為何？（概念性）

· 在真實情境的脈絡中如何解釋周長？（激發性）

· 在真實情境的脈絡中如何解釋直徑？（激發性）

· 在工作場所或家中，有哪些運用圓的周長或直徑的真實世界模型？（概念性）

· 找出圓的周長與找出多邊形的周長有何相似之處？（概念性）

關鍵內容（知道）

· 解出圓周長的公式。

· 直徑與半徑的差異。

· 適當地使用 π 求出圓周長。

· 示範同一個問題，但用不同方式呈現的例子。

主要技能（會做）

· 會分析比例關係以解決問題。

· 會測量大小不同的圓的直徑和圓周。

· 會繪製大小不同的圓的直徑和圓周。

· 會從圖中產生數據表格。

· 會從表格中做出預測。

· 會適當地使用 π 來找出圓的周長。

（續）

學習經驗	差異化
第一部分：畫出直徑和圓周長 回顧於座標格繪製圖形的步驟。在這個學習經驗中，小組中的學生只畫第一象限，並且將橫軸標記為直徑，將縱軸標記為周長。 小組學生要將每個容器的圓的直徑一端放在原點，另一端沿著橫軸。學生將沿橫軸標記圓的位置。	提供學生只有第一象限的紙本網格，學生仍然需要將橫軸標記為直徑，將縱軸標記為周長。 根據需求，讓學生觀看逐步操作的影片示範，另一種方式是準備操作步驟的圖片。
第二部分：用各個容器的直徑和周長建構一個有序數對表 學生要用他們的圖記錄講義中不同容器的直徑和周長。 學生要完成講義的其他部分。	預先準備類似於小組完成的圖形示例，用兩種不同顏色的螢光筆來突顯圖形的關鍵部分。 ・用一種顏色標示直徑 ・用另一種顏色標示周長 學生應將標示數字轉換到講義中的適當位置，對應的欄位也可以用適當的顏色標註。
第三部分：你在想什麼？ 在你的小組中，討論你在圖形中看到的任何模式。這些模式告訴你哪些有關不同容器的資訊？ **在講義上回答小組問題** 所有小組都完成後，讓全班討論這些比例比較的結果為何、指出了圓的什麼特性，而這些又跟圖形有何關係。	
紙團分享（Commit and Toss） 讓學生先個別思考生活中運用圓周和直徑的示例，讓學生在紙上寫下自己的答案。在規定的時間後，學生要在室內圍成一圈，將紙張揉成一團，並在聽到訊號時拋到圓圈對面，學生要一直撿起紙團並拋出去直到訊號停止。當學生停下來時，他們手中應該拿著一個紙團或者撿起附近的一個紙團，然後回到位子上。請學生分享紙團中的答案，並根據需求與學生分享圖片或其他例子。	允許學生在網路上尋找生活中使用圓周和直徑的例子，學生可以在日誌中記錄他們找到的例子。可能的話，請學生盡量寫上自己的想法。

（續）

評量：
形成性評量的策略已經包含在教學單元計畫中。

教師備註 / 教學策略：

教材 / 資源：
尺
方格紙 / 圖表紙
各種尺寸的圓形容器（四人一組，每組四個大小不同的容器）

- 湯罐頭
- 汽水罐
- 洋芋片罐
- 藥瓶

麥克筆（各種顏色）

相關標準（若課程單元計畫已說明，則為選擇性呈現）：
CCSS.Math.Content.7.RP.A.2c　以方程式來呈現比例關係。例如，如果總成本 t 與購買數量 n 以及固定價格 p 成比例，總成本與購買數量之間的關係可以用 t = pn 來表示。
CCSS.Math.Content.7.G.B.4　知道圓面積和周長的公式，並運用它們來解決問題；能舉出一個日常生活中周長和圓面積的衍生示例。

來源：Carmella Fair, Fayetteville, North Carolina.

▶ 表 5.6・規準：發展中的概念為本教師——概念為本的教學

	新手	萌生中	專家
教學單元展開	· 教學單元展開直接進入教學活動，並未提供概述或明確方向 · 教學單元開始時先張貼或說明課程的目標通則，而非從學生的思考中萃取 · 教學單元展開正確但平淡無奇，更似教師的獨白，導致學生失去興趣	· 教學單元展開為歸納式教學布局，以張貼示例、呈現吸引人的問題、分享有趣情境、提出相關概念等，從學生想法中汲取概念性理解，但展開細節過多而漫長	· 開始時清楚地傳達一個引人入勝的教學單元概述，連結並延伸了先前的學習 · 教學單元立即吸引學生投入心智與興趣
教學中 教學反映示範、引導，並居間促成概念性理解	· 教學單元遵循書面計畫，但因計畫並未顧及有效的概念為本教學單元之所有元素，教學力有未逮 · 在教學單元中約略談到概念，但未重視如何運用概念來吸引學生投入智識並深化理解 · 較未聚焦於學習的遷移，較關注任務的完成 · 教學使用不同類型的問題作為鼓勵學習遷移的主要工具，但仍過度依賴事實性問題 · 教學主要仍以教師為中心 · 學生的參與集中於回應教師提問與評量	· 遵循預先設計的概念為本教學單元計畫 · 運用能引起學生興趣和關注的例子及資源來維持學生的情感投注，並鼓勵更深層次的腦力投入。但指定的學生作業和教學技巧並沒有明確的引導學生進行綜效性思考（將例子轉變成相關的概念） · 教學似乎在於回應學生靈光乍現的優質思考，但僅運用少量策略來鼓勵和指導深層的概念性理解與遷移 · 逐漸釋出部分學習責任給學生，但教師仍承擔大部分的認知學習 · 大多數學生都能投入學習，但仍有小群學生可能因為挑戰程度不足，或缺乏切身感而失去專注或不感興趣	· 教學單元計畫的執行速度掌控良好，也能保持彈性並回應預期的學生需求，以及課堂中浮現的需求 · 透過教學技巧與激發思考的示例，以及連結深度概念想法（理解）的學習經驗與資源，有意識且持續發展學生的綜效性思考 · 教學使用多種技巧以支持學習遷移與深度理解。教學技巧包括提問、要求提供其他相同概念或通則的示例／非示例、回饋，以及要求學生分析自己的推論並提出支持的證據 · 教師清楚的逐漸釋出學習責任與所有權給學生 · 用及時、相關的回饋與問題引導並居間促成學習過程，持續監控學生的個人及小組協作任務

（續）

	新手	萌生中	專家
教學單元結束	· 教師扼要總結課堂中的學習經驗	· 有針對學生習得的知識、技能的形成性或總結性終點評量，並試圖決定學生概念性理解的程度 · 指定相關的課後練習	· 蒐集針對知識、技能和理解等課程目標的形成性或總結性學習證據 · 教師和學生協同反思並分析學習歷程與產出中的成功之處 · 學生學到如何朝向未來的學習目標建構學習

來源：Copyright 2014 by Lois A. Lanning.

發展中的概念為本教師規準在教師評鑑計畫中占有一席之地嗎？

我們跟聽眾交談時經常遇到這個問題。跨越全美，許多學校體系在修改教師評鑑計畫時，逐漸採納有助於描述教學如何改善不同群體學習的工具。在那些想改變監督及評鑑教學方法的各州與學區，夏洛特·丹紐森（Charlotte Danielson）的著作（例如：*Enhancing Professional Practice: A Framework for Teaching*, 1996）經常被提及並獲得採用。丹紐森的作品令人尊敬，但假如學區或學校致力於實施概念為本課程，評鑑工具的指導用語應該要盡可能與期望的概念為本教學法一致，否則，教師和行政人員都會感到困擾。

就表 5.2、5.3 和 5.6 **發展中的概念為本教師**規準而言，只要調整一下用語，很容易便能與丹紐森的描述合併使用，例如表 5.7 擷取出丹紐森架構中，屬於其領域三的**提問**這個類別。

比較一下表 5.7 與**發展中的概念為本教師**規準中有關提問的用語，兩份文件明顯有相似之處，但在**發展中的概念為本教師**規準中，對概念為本教師應該使用的問題類型有更精準的文字說明。

▶ 表 5.7・摘錄自領域三：教學

要素 3b：運用提問與討論技能				
表現層級				
元素	未達滿意	基本	流利	傑出
提問的品質	教師的提問幾乎都屬於低品質。	教師的提問參雜高低品質，僅部分提問引起學生回應。	大部分的教師提問屬於高品質，有充分的時間讓學生回應。	教師提問皆屬高品質，有充分的時間讓學生回應，學生提出許多問題。

來源：Danielson (1996).

　　如同本章先前討論學區所期待的優質教學特性，這裡的重點訊息是通用術語及描述性回饋的重要性。**發展中的概念為本教師**規準能夠幫助教師忠實的實施概念為本的課程。

> **發展中的概念為本教師規準能夠幫助教師忠實的實施概念為本的課程。**

　　對致力於概念為本課程與教學的教育系統而言，釐清專業實踐之期望，並促使這些期望與教師評鑑規畫相輔相成至為重要。這可能涉及改編丹紐森架構的分類，增加配套或設計一套有機的教師評鑑文件。一份由琳達・達令－哈蒙、奧黛麗・安潤－比爾斯雷、愛德華・黑爾托與傑西・羅斯坦（Linda Darling-Hammond, Audrey Amrein-Beardsley, Edward Haertel, & Jesse Rothstein, 2012）撰寫，標題名為「評估教師評鑑」（Evaluating Teacher Evaluation）的文章開頭稱：「實務工作者、研究者和政策制定者都同意，大多數現行的教師評鑑系統無助於教師改進或支持決策。」（p. 1）產出符合學區課程期望的優質教學敘述是評鑑系統中的一個重要面向，它將有助於教師更瞭解如何設計與執行學區期待他們要教的課程，也能幫助行政人員和同儕提供相應的、攸關而具體的回饋。

問題討論

❶ 如何運用本章所包含的規準，幫助教師發展對概念為本課程和教學的理解和實踐？

❷ 協作式的概念為本課程計畫如何可使每個人都受益？

❸ 為什麼優質教學的研究要進入課堂實踐如此具有挑戰性？

總　結

　　任何人都不會在一夕之間變成一個概念為本教師。教學是一門需要不斷努力的藝術和科學。隨著研究發展對教育如何有效顧及所有學習者之需求提供了新的理解，我們的教學實踐也需要進行調整。概念為本的課程與教學反映了目前我們所知的最佳教學和學習實作（Bransford, Brown, & Cocking, 1999）。值得注意的是，促成學生成功最重要的單一指標便是優秀教師，我們則相信概念為本的教師代表卓越！顯然，有效運用概念為本課程和教學原則及技巧的教師，將培養出在複雜多變的未來世界中做好準備並成長苗壯的學生。熟練概念為本的教學是一種習得的才能，與同樣致力於概念為本教學和學習的同儕密切合作，會是一種刺激而令人振奮的專業經驗。打造夥伴或團隊以支持彼此在**發展中的概念為本教師**的進程中進步，是一條令人興奮、振奮人心和充滿活力的教學卓越之路。

　　整體而言，這些規準可以作為自我評估和同儕觀察的資源，主要目的是讓教師使用其中的描述語，不斷增益他們對概念為本的理解、教學單元計畫與教學。

06

發展中的
概念為本學生

本書在序曲中提出如何判斷孩子正在**思考**，答案是：「從孩子的眼中可以看出來。」但是**思考**（thinking）真正的意義是什麼呢？ 思考不只是我們在孩子眼中看到的，思考更在於我們所觀察到孩子學習的熱情；你可以從學生深入而透徹的討論自我學習歷程和成果中「聽見」思考。本章將進一步探討思考的意義，以及概念為本的課程與教學促進了哪種思考方式。

你怎麼看思考？

思考技能在 1980 年代成為廣泛研究和討論的主題，馬修・利普曼（Matthew Lipman, 1988）在論述中區分了一般性思考與批判性思考。他認為一般性思考是一種簡化的、不用基準（criteria）或標準為依據的思考方式，例如猜測、假設以及在沒有證據支持下相信某些事情的真相。利普曼說明批判性思考是較為複雜的歷程，他主張：「批判性思考是**運用技巧、負責任的思考，因為（1）依據基準，（2）能自我修正，（3）對脈絡保持敏覺性，故能促成良好的判斷**。」（p. 39；粗楷體係原文所強調）

換句話說，批判性思考者能夠提出適切的證據、基準和明確標準作為支持自己意見的理由。批判性思考是我們期望在世界各地概念為本的課堂中呈現的思考方式，也是美國各州共同核心標準和促進 21 世紀技能聯盟（Partnership for 21st Century Skills）的明確期望。

批判性思考與概念為本教學之間的關係

　　當學生在概念為本的課程中調查相關的議題與主題時，教師使用不同層次的提問和歸納式教學來培養他們的批判性思考能力。史騰堡（Sternberg, 1990）、恩尼斯（Ennis, 1989）和利普曼（Lipman, 1988）認為批判性思考技能不是與生俱來的能力；相反的，他們主張批判性思考是一種可以教會的智能形式。比哈—侯仁斯汀與紐（Behar-Horenstein & Niu, 2011）寫道：

　　史騰堡（Sternberg, 1990）沒有明確指出「如何」教導和學習批判性思考技能的方法，但是，他提供了設計或選擇批判性思考培養計畫（program）或課程（本書作者強調）的一般性指導方針。他建議教學者聚焦於強化學生在後設成分（meta-components）、執行成分（performance components）和知識習得（knowledge-acquisition）策略等方面的心智運作。後設成分涉及需要規劃、監控及評估個人行動的高階層次心智歷程；執行成分是採行的實際步驟或策略；而知識習得策略則指個人連結舊教材與新教材並應用新教材的方法。（p. 27）

　　詹姆士・卓爾（James E. Zull, 2002）也建議，如果我們希望學生記得所學的概念，我們必須讓他們用自己的話講出或寫出對事物的瞭解。學生在發表之前需要時間思考並處

> 詹姆士・卓爾（2002）建議，如果我們希望學生記得所學的概念，我們必須讓他們用自己的話講出或寫出對事物的瞭解。概念為本課程與教學的原則與卓爾的建議一致。

理，用自己的話語建構好想法。讓學生有機會和他人討論問題、反思和連結，可以幫助學生組織並具體看到自己的想法。卓爾博士的著作解釋了腦部如何運作，進而以此生物性歷程為基礎，對教學實踐提出了與概念為本課程及教學相當一致的建議。

批判性思考的發展

在最近關於批判性思考的研究報告中，艾茉莉・賴伊（Emily R. Lai, 2011）引述以下有關批判性思考發展的研究：「甘迺迪等人（Kennedy et al., 1991）調查了研究文獻並得出以下結論：儘管批判性思考能力似乎隨著年齡增長而提高，但即便是幼童，也可以從批判性思考的教學中受益。」（p. 23）

李察・保羅與琳達・艾爾得（Richard Paul & Linda Elder, 2002）向讀者解釋人們的思考會經歷幾個特定階段發展。而教育工作者可以扮演重要推手，以幫助學生沿著這些思考階段前進，為應付複雜的世界做好準備。就如何最有效的啟發幼兒園到十二年級學生的批判性思考而言，概念為本的課程設計明顯符合這些研究建議。

首先，概念為本的課程與教學逐步發展概念性語彙，幫助學生討論自己的思考歷程。學生需要一種語言來溝通自己的思維並聽出別人表達的思維。概念

> 概念為本的課程與教學逐步發展概念性語彙，幫助學生討論自己的思考歷程。

為本的教師鼓勵學生運用概念透鏡（綜效性思考）來解釋事實性或情境式的例子與表現之間的關係，讓師生都看得見學生的思考。為了確保學生有充分的時間深入處理想法，概念為本的課程設計主張要限制學習的資訊量。相對於一個虛胖的課程，概念為本的單元則凝聚精華，環繞著五到八個有力並且

可遷移的想法,並讓學生花時間建構這些想法。

其次,教師一直講授課文、告訴學生如何思考或幫學生解決問題等學習環境無法培養學生的批判性思考能力。概念為本的學習經驗可以適度結合直接教學法,並充分利用探究式學習;探究式學習大多要求學生探索結構模糊、甚至刻意選擇沒有結構的問題和情境,學生需要回想可用的知識、辨識模式、分辨哪些資訊有相關、事前思考、預測結果並陳述理解等能力。規劃這樣的課程需要會思考的老師並能啟發學生的思考。

最後,概念為本的課程需要且可培養批判性思考,因為批判性思考是概念理解整體中不可或缺的部分。有些課程堅稱其設計目的在於促進概念性理解,課程中甚至要求學生從學習

> 概念為本的課程與教學期待學生必須超越連結概念的層級,進而達到領悟並延伸通則所需要的批判性思考層級。

主題或歷程中提取概念,並建立概念之間的關聯。然而,這樣仍然低於概念為本課程的期望;學生必須超越連結概念的層級,進而達到領悟並延伸**通則**所需要的批判性思考層級。

發展中的概念為本學生

第一章描述了當教師運用概念為本的教學法設計學習經驗時,學生如何受益,這些理念簡要回顧如下:

- 當學生建構個人化意義和理解時,事實性知識和技能會跟思維中一個或多個相關概念進行互動性與反覆的處理。這樣的綜效性思考過程會啟發智能並激起學生學習的動機,而且讓每個孩子的思考都受到重視。
- 當學生在協作小組中對有趣的問題和議題進行提問、討論、探索以及創

造作品和解決方案時，會吸引學生投入社會性意義建構。

- 學習超越事實的思考並穿透時間、跨越文化與情境而遷移概念與理解，將會拓展學生的世界觀，幫助他們看出新知識與先備知識之間的模式與連結，並提供他們可作為終生學習基礎的腦部基模。

第五章詳細介紹了教師如何設計促進批判性思考的概念為本教學法，現在是時候來探察一個有幸遇到概念為本教師的學生，如何成為一個深入的概念思考者。讀者將看到概念性思考如何包含批判性、創造性和反思性（後設認知）思考。

表 6.1 發展中的概念為本學生描述發展中的概念為本學生蛻變成優異概念思考者過程中的一些重要特徵，其中的敘述用語旨在幫助教師深思有助於學生思考、理解並且監看學生發展軌跡的教學技巧和作

> 在成為概念為本學生的歷程中，各階段跨越的多重領域包括：
> ・任務承擔
> ・綜效性思考
> ・理解的深度

業類型。雖然評量規準著重在學生如何進化的宏觀面向而非鉅細靡遺，但它確實提供討論的機會，並深入檢驗概念思考者的關鍵屬性，以提供學生更有意義的回饋。

評量規準包括三個類別：

- 任務承擔
- 綜效性思考
- 理解的深度

▶ 表 6.1・發展中的概念為本學生

屬性	新手	萌生中	高階
任務承擔	・認為作業符合規定即可，欠缺個人承擔 ・認為各個任務獨立而彼此無關 ・可能失去耐性而容易感覺挫敗 ・謹守作業的指導原則	・瞭解任務與學習的關聯 ・在整個任務中保持專注與自我調節 ・願意堅持以通過能力可及的挑戰 ・接受任務的責任歸屬 ・積極參與協作小組 ・可能採納新的方向或方法面對任務	・獨力設法延伸被指派的任務 ・面對任務的挑戰時流露出熱情和真誠的興趣 ・在長期和較複雜的工作中展現自律與堅持 ・重視並設法協力合作以完成任務 ・對學習歷程和優質成果展現同樣的興趣
綜效性思考	・需要指點才能辨識想法或解決方案之間的連結和模式 ・無法一致的掌握概念與示例的連結 ・寫出的通則過度簡化	・綜整資訊以形成前後一致的通則 ・舉出至少兩個正確示例以佐證通則 ・能夠用事實示例連結教師呈現的概念	・轉化示例和想法成為更高層次的通則 ・清楚說明通則並舉出多重示例以佐證通則 ・獨力舉出事實示例連結相關概念和／或通則 ・獨力提出概念的示例和非示例 ・思考歷程顯示對通則、概念、示例與成果有獨特而創新的連結
理解的深度	・需要協助才能嘗試解釋學習目標、思考和／或通則 ・想出適合的相關問題，但大多數仍屬於事實層面	・清楚的解釋個人立場並接受其他觀點存在 ・產出深思而有細節的產品 ・構思適切的問題 ・將以前的學習融入現在的脈絡 ・將通則遷移應用於幾個具體實例 ・在說明中擴充概念性語言的運用 ・能辨識概念的非示例	・有系統、有方法的運用適切的證據來解釋自己的理解 ・創造新奇的產品 ・藉由延伸想法、實驗性作業產出指引、應用不同的學習策略等創造新知識 ・展示判斷示例的優先順序並評析其相關程度的能力 ・能夠在多元且更複雜的示例中遷移應用通則 ・自信並準確的運用概念性語言 ・獨力提供概念的示例和非示例

來源：Copyright 2014 by Lois A. Lanning.

為什麼分成這些類別?

首先,以上評量規準類別與學生必須學習但欠缺連貫的各學科期望標準**無關**。多數美國州政府採納的各州共同核心標準闡述了在高中畢業前幫學生做好準備以展開豐富人生的重要性;世界各國也在課綱中直接或間接說明出其重要性。美國的數學和英語文各州共同核心標準中,描述為了勝任大學與職場需求,學生在每個年級應該達到的標準。該文件在網站 http://www.corestandards.org/about-the-standards 敘述如下:

> 這些標準界定了幼兒園到十二年級教育歷程中學生應具備的知識與技能,確保學生能從高中畢業,並順利完成學術型大學入門的學分課程,以及職場的培訓計畫。這些標準:
>
> · 符合大學和工作的期待;
>
> · 清晰、易懂而一致;
>
> · 包括嚴謹的知識內容,並能夠發揮高階技能以應用知識;
>
> · 建構於現行各州既有標準的課程與優點之上;
>
> · 參考其他表現優異國家,幫助所有學生做好準備,足以在全球化經濟和全球社會中成功;以及
>
> · 以證據為基礎。

發展中的概念為本學生所描繪的連續進程並非複製美國各州共同核心標準或其他國家的課程標準中,期待學生在高中畢業時應該**知道、理解和會做**(技能)什麼;相反的,這些評量規準的目標在於界定三個關鍵屬性,而這些屬性也是概念為本的課程與教學教出會思考的學生這個願景的基石。評量

規準提供了從宏觀面反映概念性思維與屬性的傾向，我們從多年教育經驗中得知，這些屬性有助於終身成功和持續學習。讓我們逐一扼要討論如下。

● **任務承擔**：在資優教育領域享有盛名的約瑟夫・袁祖里與莎莉・睿斯（Joseph Renzulli & Sally Reis, 1997）深入研究並辨識出產生資優行為至關重要的因素，進而倡議塑造學校為孕育所有孩子的資優行為的地方。任務承擔是發展天賦重要的基本因素，任務承擔化動機為行動。投入、堅持、耐力和勤奮都是任務承擔的元素，而自信、自我效能、洞察力和沉浸在特定主題也一樣重要。袁祖里與睿斯聲稱少了任務承擔就不可能有高成就，你瞭解任務承擔的重要性適用於需要勤奮的各種人生情境嗎？如果我們能幫助學生學習如何承擔工作，那麼我們幾乎就可以肯定學習目標會達成！概念為本教師首先會從智識面與情感面取材，設計引人入勝的課程來培養並直接教導任務承擔。

● **綜效性思考**：閱讀至此，想必你對綜效性思考已經耳熟能詳。它是介於腦部低階層級與概念層級之間思維處理的互動思考歷程（Erickson, 2008）。綜效性思考吸引學生投入個人的智能（概念性思維），進而增強學習的動機。綜效性思考是概念為本教學的核心和精髓，因此是**發展中的概念為本學生**評量規準的一大類別。當教師要求學生透過概念透鏡深思技能和事實性知識，並產出代表教材中技能和事實性例子的通則陳述（可遷移的概念性理解）時，學生正在進行綜效性思考。綜效性思考遠遠超越馬修・利普曼（Lipman, 1988）在本章開頭所說「一般性思考」的各項屬性；綜效性思考要求當事人退後一步，更批判而恢宏的檢視問題，仔細思考以獲得可以用證據辯護的概念性理解或通則。想像一下，如果有更多人用這種方式處理新聞事件和複雜的全球情境，這個世界將會多麼不同！

● **理解的深度：發展中的概念為本學生**評量規準中的第三個類別非常直接易懂：它是任務承擔和綜效性思考的最終目標。精簡化事實內容和過多需要學會的零散技能，使學生有更多時間發展概念性思維，並運用主要技能和事實知識，以探究有趣又引人入勝的任務和問題。理解的深度可以避免在現今思潮和意見中自我孤立，免於對議題的歷史和複雜性感到模糊不清。尤其在當代全球化聲色複雜的媒體宣傳活動推動之下，這似乎是一個日益嚴重的問題。專家知識需要深入的理解，此外，伴隨深度理解而來的是學習遷移更大的潛能與可行性，而這正是概念為本教學的最終目標及其成功的證明。

這三個類別捕捉了在概念理解之旅中學生的本質。鑑於我們所知學生在學校及社會獲得成功所需要的心智習慣，以及我們學到的學習理論，課程和教學承擔了支持評量規準中每個類別屬性發展的重大責任，而概念為本的教學與學習正符合這個責任的期待。

問題討論

❶ 你目前使用的課程中有多少明顯可見的批判性思考與「一般性」思考（依據本章中利普曼的定義）？

❷ 你對發展中的概念為本學生評量規準中界定的類別有何回應？

❸ 回顧概念為本的教學單元計畫（第五章）後，討論概念為本的教學方法如何促進批判性思考。

❹ 有哪些因素導致 1980 年代對思考技能的關注逐漸消逝？為什麼培養學生成為批判性思考者的需要又重新浮現？

總　結

　　本章將焦點帶到批判性思考如何成為整體概念性理解中不可或缺的一部分。如果我們希望所有的學生都成為批判性思考

> 如果我們希望所有的學生都成為批判性思考者，那麼我們必須為他們提供深思熟慮且智識豐富的課程和教學。

者，那麼我們必須提供他們深思熟慮且智識豐富的課程與教學。概念為本的課程和教學即呈現了這種類型的教學和學習。

　　最後，本章勾勒出發展中的概念為本學生。**發展中的概念為本學生**的規準描述了逐漸形成的概念性思考，以連續進程表達的規準刻意圍繞著任務承擔、綜效性思考和理解的深度等三個基本類別為中心而組織，這些類別可以遷移應用在所有需要智能運作的情境中。本章也提供了各個類別的理論說明。如果在設計概念為本的課堂教學時，我們把這些特徵置於思考中最重要的地位，學生將受益無窮！

CHAPTER

07

教師對概念為本的
教學法需要瞭解什麼？

概念為本課程與教學的本質及實施原因

概念為本的課程要求教師能夠旁徵博引以說明其重要特徵、與傳統課程模式的差異，以及轉移到概念為本的趨勢為什麼會出現。

當人們初次聽到「概念為本的課程」時，經常提出以下問題。我們一起來思考這些簡明的回答：

1. **什麼是「概念為本的課程」**？

   答：「概念為本的課程」是依據學科概念與通則建立的三維度課程設計架構，用以整合學科領域中的事實性知識與基本技能。概念為本的課程與傳統以主題和技能為基礎的二維度課程模式形成鮮明對比。

2. **二維度課程模式和三維度課程模式有什麼差異**？

   答：・二維度課程模式聚焦於事實和技能。

   ・三維度課程模式聚焦於概念、事實和技能，以獲得學科內容的深度概念性理解。

3. **為什麼需要採用概念為本的課程設計模式**？

   答：・此模式啟發腦部的結構（認知基模），用來分類、組織所收到的資訊並建立模式，進而經由概念層級遷移應用知識與技能。

   ・當學生將事實、策略和技能連結到主要概念、通則與原理時，他們必須在更深入的智識層級處理事實和技能。

   ・從事實／技能與概念兩個層級吸引學生並啟發他們的智能。

- 此模式促進「綜效性思考」，亦即知識與理解在「事實／技能層級」和「概念層級」之間的認知交互作用。
- 藉由吸引學生投入個人智能而提高學習的動機。
- 學生在解說並以事實性資訊佐證自己的深度理解時，提升了他們的語言流暢程度。

如何實施概念為本的課程與教學

　　教師可以學習概念為本教學的原則，而產出不錯的教學成效；但如果有概念為本的課程文件協助，教學工作會容易得多。各級學校、各州、各國以及世界性組織都致力於提供教師概念為本的課程綱要。美國的各州共同核心標準（CCSS）以及新世代科學標準（NGSS）都致力在全美各地教室中啟動深度概念性理解；而科羅拉多、喬治亞以及愛荷華等州也努力使三維度課程架構成為該州的學業標準；此外，國際文憑課程等組織也採用三維度的概念為本模式作為課程與教學的設計基礎。

 ## 概念為本的單元：跨學科單元與單一學科單元

　　跨學科的課程單元（interdisciplinary units of instruction）從不同學科領域的觀點來檢視一個重要的主題、問題或議題。只要包括概念層級的學習，即使只有兩個學科，例如歷史和英文，也可以構成一個跨學科的課程。這是我們建議每個單元都要用一個概念透鏡來聚焦的理由之一。當一個單元沒有涉及概念層級的學習時，我們稱之為**多學科**（multi-disciplinary）**單元**而不是**跨學科單元**。正是概念透鏡，或概念層級的運作，從跨學科的連結中促成了概

念的綜整而**統整思考**。國際文憑組織所謂「主要概念」（key concepts）即等同於我們說的**概念透鏡**。

> 統整思考的正是概念透鏡，或概念層級的運作。

為了表達我們對設計概念為本的跨學科單元的經驗以及當下想法，最好的方法或許是回答以下相關問題：

1. **跨學科課程的價值是什麼？所有的課程都應該這樣設計嗎？**

   答：**小學階段**：跨學科單元在小學階段常見而且可行，因為知識和理解的深度不像中學要求那麼高。小學階段的跨學科單元幫助學生看見知識和理解之間的交互連結，讓學生有機會從不同學科學習概念，進而擴展理解的廣度；但是，對於英語文與數學這兩個科目，除了在跨學科單元中應用之外，學校必須在課表中另外排出專門時段來發展讀寫技能（literacy skill）。

   中學階段：中學階段的跨學科單元提供絕佳的機會，讓學生在同一學習主題中探究不同學科之間的關係與觀點；例如，「大屠殺」（the Holocaust，譯按：二次大戰時納粹德國對猶太人的大規模迫害與集體屠殺）這個單元就非常適合以歷史、文學與傳媒、藝術等各學科的觀點來探討。然而，企圖以跨學科方式來處理**所有**學科的課程時必須注意：

   a. 學生必須具備以事實性內容與技能為基礎的概念性理解的深度，才能夠掌握一個學科。但在跨學科單元中，部分學科偏向扮演支援主要單元主題的角色，以致於這些學科中重要概念性理解的學習深度不足。

   b. 每一學科都有它特有的概念結構；也就是說，數學的概念不同於人文或藝術學科概念。學科清楚區分有其原因；在中學階段，學生沉浸在各個學科的用語和研究中，目的是獲得更深入的知識、

技能和理解。

c. 從事課程編寫多年，我們深知在中學階段嘗試去設計一套全面性
的跨學科課程往往會破壞各學科原有的概念結構，將會導致一套
鬆散、不連貫的學校課程計畫。

2. **在中學階段，一個學年適合實施幾個跨學科教學單元？**

答：端視單元主題能否提供各個參與學科中，各別概念的學習深度
而定。一般而言，一年實施一到三個優質的跨學科單元確實可行，
而且不至於犧牲學科本身的完整性。

3. **「統整學科」（integrated subjects）呢？像綜合數學或歷史／英文的
協同教學呢？**

答：要注意到綜合數學仍屬於數學的學科範疇，而且確實可行。當
教師們協同教授一門課程，如歷史／英文或數學／科學時，課程已是
精心配搭過，所以學科間能夠互相增強同時又能保存學科完整性；
這樣的做法也可行，但要小心別犧牲了其中任一學科。當然，數學
需要應用於真實世界情境中才能達到原先課程設計的目的──解釋
真實世界的現象、解決問題以及創造新的範式（paradigms）。

4. **「統整學科」和「跨學科」不同嗎？**

答：統整（integration）是發生於
學生超越所學的事實性內容，而
在概念層級「統整自己的思考」
的*認知歷程*。統整意味著學生已
經透過概念性思維（綜效性思考）

> 統整是發生於學生超越所學
> 的事實性內容，而在概念層
> 級「統整自己的思考」的認
> 知歷程。

處理事實性資訊並達成知識和理解的綜整（synthesis）。思考的統整

會導向有事實佐證的概念性理解陳述，並且確保理解具備穿透時間、跨越文化或情境而遷移應用的能力。不論是單一學科或是跨學科的概念為本單元，只要有概念層級的學習來確保思考的整合，就都已經「統整」。

5. **為什麼單元網絡（unit web）是設計跨學科單元的好用工具？**

   答：我們強力主張教師從概念／內容概覽網絡開始進行單元計畫，這樣可以幫助教師找出單元標題、概念透鏡、需處理的支線以及重要的主題和概念。先對單元進行「整體性」或「全局式」思考，再處理局部，將會產出思考縝密的課程單元。

6. **設計小學階段跨學科單元的常見錯誤是什麼？**

   答：跨學科單元必須重視**每一個**學科帶進此單元的概念與概念性理解。在太多實例中，藝術或體育等學科沒有引導學生提取概念性理解，最終淪為課程單元中的活動而已。如果我們把藝術活動帶進單元設計，那麼我們就應該引導學生，從這個藝術活動中各相關元素間與原理（概念性理解）的關係中獲得概念性理解。例如，在小學低年級「我的家庭」這個單元中，教師常常要求學生「畫自己的家人」，試想其中可以教哪些藝術的概念呢？線條、形狀或形式？而我們又希望學生對這些概念產生什麼概念性理解呢？或許像是「線條可以用來表示物體的形狀和大小」這樣的想法。總之，「要教會概念性理解」這個告誡同樣適用於體育以及跨學科單元中的任何一個學科。

7. **我們如何處理各學科中日益龐大的事實性知識量？**

答：不論單一學科或跨學科，概念為本的教學單元都以想法為中心而不以教完內容為中心。課程設計者深思熟慮以琢磨出最重要的概念性理解作為每個單元探究學習的焦點。我們不可能知道呈幾何級數增加的所有資訊，因此，合理的方式是選擇最適合闡明各個學科重要的概念與概念性理解的知識內容。因為概念性理解（通則）可以遷移，所以我們提供概念性理解以協助學生在其他的實例中看見同樣想法的模式與連結。

> 概念為本的教學單元都以想法為中心而不以教完內容為中心。

8. **我們如何讓老師確信採用概念為本的單元設計後，學生將會考得好（甚至比以前還好）？**

答：除了親身目睹測驗成績提升之外，多年來實施概念為本課程的學區的回饋也都證實：在轉換到概念為本的模式後，學生的標準化測驗與外部評量成績真的有明顯進步。原因是什麼？其實不難解釋，當我們鼓勵學生運用自己的概念性思維，透過思考來學習以事實性知識與技能為基礎的課程時，學生必然會需要在腦部更深的層級處理事實性內容；他們會需要更深入的思考來辨別概念透鏡或概念性問題與事實性佐證之間的關係。這樣深層的認知處理不只幫助學生達到深度理解，還能使資訊在腦中留存得更久。

單一學科的教學單元（intradisciplinary units of instruction）的設計目的是建立特定學科內理解的概念性深度；例如在中學階段常見的單一學科的科學單元「化學鍵結」，或代數單元「線性方程式與函數」。當然，在這些單一學科單元中學到的概念還是要應用到真實世界的實例中才能瞭解其重要性。

同時，重要且必須要瞭解的是，單一學科單元中發展出的通則具有該科目或學科領域**內**其他實例的可遷移性；換言之，可遷移性一詞不只適用於跨學科領域。例如，如果我在「化學鍵結」單元中學到「當電子從一個原子位移到另一個原子而產生力（force）時，可能形成離子化合物／鍵」，我可以遷移這個理解並應用到化學學科內的許多特定事例中。

 ## 促進深度理解的評量

近來，國家以及國際的課程標準都強調能培養學生在大學或職場成功的程序性和概念性理解。這些標準也支持學生的創意、溝通和協作，並推動學習的遷移。改變評量方式讓學生可以在探究的背景中回應，並且在不同情境中發現解決方法。

美國目前有兩個評量組織正在發展以科技為基礎的系統，以輔助英文和數學的各州共同核心標準（CCSS）評量。首先是由二十二個州組成的「大學與職涯準備度評量夥伴聯盟」（Partnership for Readiness for College and Careers, PARCC），致力於開發符合各州共同核心標準的英語文與讀寫能力的客製化項目與學習任務，採用值得學習的真實文本而非虛構的片段文字。PARCC 評量中的閱讀問題循序漸進，吸引學生更深入的理解文本，而不是一套隨意組成而品質不一的問題。數學方面，PARCC 的評量包含需要多重步驟解題、概念性問題、實際的應用以及紮實的程序等值得花時間的問題。高度聚焦於數學科共同核心標準將會加強概念的深度，而不是教完所有零散不相關的主題。

第二個組織「智慧型平衡評量聯盟」（The Smarter Balanced Assessment Consortium）也在發展一套適合三到八年級以及十一年級、符合各州共同核心標準英語文／讀寫能力和數學評量的系統。這套評量系統包含總結性評量以及可選用的期中評量以監看學生長期的表現。智慧型平衡評量系統運用電

腦化適性測驗科技（computer adaptive testing technology）來提供教育工作者回饋與幫助學生成功的資料。智慧型平衡評量系統的特色包括了：學生需要展現批判性思考與問題解決技能的實作任務，還有延伸性回應（extended response）以及以科技加強（technology enhanced）項目。此評量系統的目的在於測量理解的深度、寫作與研究技能，以及複雜分析等能力。

前述兩個新的重要評量方式顯然都要求深度理解的評量；而概念為本的課程與教學則可以幫助學生做好準備面對這樣的期望。在概念為本的三維度課程

> 「在概念層級遷移應用知識與技能的能力」的證據是概念為本評量的固有要素。

中，深度理解的評量意味著：透過精心校準的實作任務以評量概念性理解、關鍵內容知識和主要技能。「在概念層級遷移應用知識與技能的能力」的證據是概念為本評量的固有要素。

● **實作評量的定義**：實作評量（performance assessment）將內容與歷程（技能）結合在一個任務形式中，藉以顯示學生知道了什麼，以及會運用所知做些什麼。在概念為本的單元中，實作評量顯示出學生知道什麼（事實性）、理解什麼（概念性）以及會做什麼（技能）。學生學習的優質實作評量包含以下特性：

- 扣合知道、理解、會做等三項學習目標
- 具有真實情境或場景烘托
- 根據明確的基準來評量
- 可能提供學生不同的選擇

● **設計概念為本的實作任務**：設計概念為本的實作任務必須從最終目標開始發想：學生「應該知道什麼、理解什麼以及會做什麼」（見圖 7.1）。終點實作任務檢測學習單元中最重要的一或二個概念性理解及其相關知識和重要技能。當你設計實作任務時，須考量以下三個重要的指導原則：

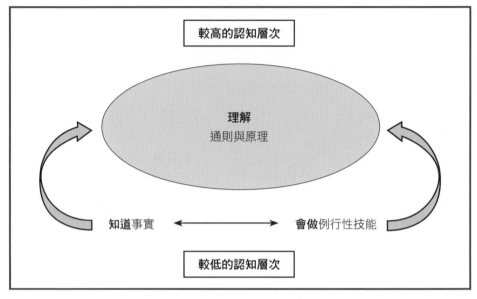

▶ 圖 7.1・知道、理解、會做

1. 確認希望達到的結果（KUDs）

　・為了完成任務，什麼是學生需要知道也最重要的事實性知識？

　・在本單元最重要的一或兩個通則中，學生必須會遷移到本學習單
　　元之外的通則是什麼？

　・本任務要檢測哪些技能？

　註：所希望達到的 KUDs 擷取自單元規劃文件（unit planner）。

2. 設計符合重要 KUDs 目標而且饒富意義的實作任務

　・任務是否吸引學生動腦思考、投入情感，並且提高學習的動機？

　・任務是否要求學生必須進行高階層次的思考？

　・你是否能夠評量學生看出（本單元內以及本單元之外的）事實之
　　間的模式與連結，以及相關概念性理解的能力？

　・學生能否展現單元中的主要技能？

・任務是否能夠提供學習內容的適切焦點？

・任務是否明確的連結到通則目標？

註：設計實作任務時，有些設計者會犯錯，僅僅設計出「活動」而不是「實作任務」，因為他們未能將任務連結到單元中最重要的一到兩個通則。

我們看看以下實例，找出設計實作任務時常犯的錯誤。

實例一

通則：詩人可能用字不多，卻能生動的傳達有關人類經驗的生命課程。

實作任務：背誦羅勃・佛洛斯特（Robert Frost）的名詩〈黃金時光不久留〉（Nothing Gold Can Stay）。

分析：表面上看來，讓學生背誦名詩似乎是有價值的努力。這首詩對於年輕時代曾經背誦過的英文教師而言，或許觸動懷舊情懷；但可能無法激發現代年輕人的熱情。這個任務其實只是個簡單的活動，因為它只能稍稍吸引學生動腦，也沒有連結到本單元的重要通則。事實上，這個任務並未達到優良實作任務必須具備的任何標準。若要將這個活動轉化成有效的實作任務，教師可以要求學生說明詩人如何選字，以生動地傳達關於人類經驗的生命課程。這樣的方式，學生們不僅能夠將任務扣回到通則而連結到文本的深層意義，也能學會分享詩中所包含的事實性知識，並且展現閱讀文本的字面意義進而作出推論這樣的主要技能。

實例二

通則：高效能的領導者運用明確的策略，來促進問題釐清、決議、行動
規畫、報告與反思等團隊歷程。

抱持不同想法、價值觀與信念的成員能夠合作解決問題。

過去幾個月楓木鎮經歷了好幾次嚴苛氣候事件，迫使鎮民必須離家
避難。他們缺乏電力、食物、水，也無法上班或上學；而社區服務單位
無法有效回應。楓木鎮小學的六年級老師羅傑先生希望學生體認社區災
難回應規畫的必要性。他設計了一個逼真的、概念為本的實作任務，並
以具有吸引力的情境呈現如下：

任務背景：身為楓木鎮應急準備團隊（Emergency Readiness Team）的
一員，你將加入其中一個委員會，負責發展一個周詳的楓木鎮應急準備
行動計畫。委員會的每位成員都必須領導下列歷程中的一個階段：

- 調查一個潛在的災難；
- 根據研究結果，共同合作提出解決方案；
- 依據成本與效益分析，達成共識並選出最有效的解決方案；
- 設計行動計畫來展現應急準備；
- 反思整個任務過程中的團隊合作與領導力；
- 運用有效的媒介如 PowerPoint 簡報、DVD 或壁報板向楓木鎮議
  會報告團隊處理的問題、解決方案與行動計畫。

你的個人任務是追蹤每一個階段並完成各個階段的摘要報告，報告
包含以下各項：

1. 所屬委員會負責的特定自然災害；
2. 提出的解決方案以及研究資料附件；

3. 建議的應急準備行動計畫；

4. 針對你自己用來引導團隊歷程的領導策略進行個人反思；

5. 針對團隊展現的整體團隊精神進行個人反思，就多元觀點對團隊
   歷程的益處發表意見。

評量方式包括：

· 依據我們對「高效能領導」的標準，評量你的團隊領導能力；

· 你是否積極參與而成為有貢獻的團隊成員；

· 就滿足社區需求而言，所屬團隊行動計畫的品質；

· 所屬的團隊是否具備清楚而有效的向議會報告計畫的能力；以及

· 各作業階段的個人摘要報告，包含對自己領導力與對整體團隊運
  作的反思。

分析：這個任務吸引學生參與並動腦筋思考，因此足以呈現學生理解的
真實表現；此外，它也要求學生運用知識和技能來解決許多社區面臨到
的真實世界問題。它要求學生展現對本單元兩項主要通則的深度理解。

---

3. 發展有效的基準來評估結果

· 需要什麼證據來顯示對本單元 KUDs 等學習目標已臻精熟？

· 用什麼基準來決定實作表現達到的程度？

· 學生如何反思並自評自己的學習？

註：實作任務應該都有伴隨的評分說明，讓學生在任務開始之前就能瞭解
　　預期的表現。評分說明也能確保教師瞭解用以評量學生作業的評估基
　　準。

評分說明（scoring guide）是一種評量工具，依據一套明確的基準以評估學生的學習表現。評分說明因應評量目標可以簡略也可以詳細。最簡單的評分說明形式是檢核表（見表 7.1）。檢核表可用以辨識學生是否達到某項基準，也可針對檢核表上的各項目配分。使用檢核表時需要考慮學生可能會質疑老師所打的分數，解決這個問題的方法之一是採用「規準」（見表 7.2）這種比較詳盡的評分說明。規準結合運用評估基準與等級（scale），以明確訂出每一個基準中不同的表現程度。無論是用哪一種評分說明來評量實作任務，基準都應該要符合實作任務的 KUDs；基準也必須評量實作任務中選用的重要通則。最後，評分說明應該提供學生機會去進行有意義的自我評量並反思，同時也應該是師生之間意義深遠的回饋迴圈（feedback loop）。

設計實作任務時，常見的問題如下：

- 學生表現跟該學習單元的通則無關。要避免這個問題，可以把通則的文字直接放進任務中，通常放在接近任務說明最後的地方。
- 教師可能設計了許多活動但沒有引發學生動腦思考，或不具備真實實作任務的屬性。
- 實作任務可能不適合該年級學生的發展程度。
- 教師對實作任務的期望不符合單元中的通則。
- 評量基準不符合預期學習成果。

▶ 表 7.1・（文法運用）評分說明檢核表

基準（每項 3 分）	成績（分）
使用正確的相關連接詞	_____ 分
將片語和子句放在句子的正確位置	_____ 分
看得出錯誤的動詞時態變化	_____ 分
使用動詞時態來表示不同的時間、順序、狀態和情況	_____ 分
能變換運用簡單句、合句、複句	_____ 分
	總分 _____

▶ 表 7.2・評分說明規準

應急準備計畫				
基準	熟練程度			
	新手 1	發展中 2	熟練 3	高階 4
領導力	擔任領導角色但未全心投入；需要協助才能夠鼓舞團隊完成任務；進行順利時態度正向積極	願意擔任領導角色；但在任務歷程中需要協助來保持積極正向以及鼓舞團隊	在領導角色上看起來有自信；通常能以正向的態度和適當的指引鼓舞團隊以完成任務	自信且始終如一的引導團隊完成任務；以正向的態度和清楚又合邏輯的指引來鼓舞團隊
團隊合作	只有被要求時才參與規劃和設計過程；被要求時才會協助他人；對於提供回饋有些遲疑	參與規劃和設計過程，但只是聆聽其他人的建議；被要求時會提供回饋	參與規劃和設計過程，對於做決定、回饋他人，及／或聆聽他人觀點都有貢獻	有效完成個人任務而積極參與規劃與設計歷程；聆聽並尊重他人觀點；經由釐清與延伸討論來協助團隊做決定

（續）

應急準備計畫

基準	熟練程度			
	新手 1	發展中 2	熟練 3	高階 4
行動計畫的品質	大致找出問題；提出行動計畫但缺乏細節又不夠清楚；提供一些研究證據支持，但引用錯誤資訊，或不足以支持所提出的解決方案	找出問題並提出行動計畫；提供有限但正確的研究以佐證解決方案	確切找出問題並彙總；提出包括重要關係人在內的行動計畫大綱；以正確且適切的研究來佐證解決方案	清楚的辨識問題並彙總；提出創新而合理、納入所有關係人的行動計畫大綱；以有效而具說服力的研究證據來佐證解決方案；說明為何在所有選項之中這是最佳方案
發表	包括視覺呈現但無趣也未產生效果；口語解說含混；視線接觸和觀眾互動時有時無；看著小抄唸稿	視覺呈現略有趣味且概略與行動計畫連結；口語解說清楚但書面文字缺乏細節；視線接觸和觀眾互動時有時無；相當依賴小抄，但試著直接對觀眾說話	視覺呈現反映出行動計畫並對觀眾產生正面影響；口語解說清楚；適當的視線接觸並吸引觀眾投入；直接對觀眾說話，很少看小抄	視覺呈現創意且有效反映出行動計畫；口語解說口齒清晰；視線接觸涵蓋全場；提出的論點清楚且有說服力；說話時不看小抄；與觀眾適切互動
反思	確認自己對團隊的貢獻；只確認自己的領導角色；與通則的連結微小或完全沒有關聯	確認自己及團隊的領導力和對團隊的貢獻；能對自己或夥伴的表現提出建言；與通則稍有連結	確認自己及團隊在領導力和團隊合作上的優點；指出部分缺點；與通則的連結清楚	仔細完整的說明自己與團隊在領導力和團隊合作上的優缺點；與通則的連結清楚且思考周詳

意見：

註：可以修正本規準以加入各基準的不同權重或配分範圍，以便計算最後總分。

● **從實作任務到學習經驗**：學習經驗提供學生練習與準備的機會，以利於順利完成針對該單元 KUDs 設計的實作任務或其他評量。設計好單元實作任務後，接下來要設計學習經驗以確保學生能達到任務期待的成果（見表7.3）；此外還需要設計更多的學習經驗來處理單元中其他對知道、理解和會做的要求。

▶ 表 7.3・用來支持單元終點實作任務的學習經驗範例

學習經驗	差異化	連結相關的 KUDs		
		K 知道	U 理解	D 會做
1. 討論高效能領導人的特質，並演練這些特質				
2. 練習發表的技巧				
3. 練習研究的歷程				
4. 設計一個調查來評估某個社區的需求				
5. 運用科技來準備簡報發表				
6. 練習評估證據以佐證立場				
7. 討論高效能團隊的特徵並練習團隊合作				
8. 練習書寫報告				

註：教師需因應教室中各式各樣的學習者而納入差異化教學。教學必須連結到單元中相關
　　的 KUDs：單元結束時，學生應該知道的關鍵知識、學生應該理解的其他通則，以及
　　學生應該會做的主要技能。

概念為本教學法的四個重要特色

概念為本的教學有四個組成要件對教學與學習極其重要,因此需要個別加以說明:綜效性思考、概念透鏡、歸納式教學和引導問題。

 ## 綜效性思考

綜效(**synergy**)的定義是指兩個或更多的部分交互作用,且其效果大於任一部分單獨運作。這個定義幫我們架構出概念為本教學與學習的關鍵特色。應用到三維度概念為本的設計模式時,綜效性思考指的是事實層級思考與概念層級思考的交互作用,成效則是更深的理解以及能把想法遷移到不同時間、地點或情境的能力。

> 綜效性思考是概念為本教學的核心。

瞭解了我們對**綜效性思考**一詞的定義,並且在規劃教學時心存這個目標,正是概念為本教學的核心。如果教師無法在教室裡引發學生的綜效性思考,那就不算是三維度概念為本的教師。所以這個觀念值得花些時間探討。你能辨識出第 119-120 頁中哪些學習經驗要求學生進行綜效性思考,並提出證據佐證嗎?在案例中尋找下列引發綜效性思考的教學要素:

- 概念透鏡
- 事實性、概念性以及激發性(辯論)問題
- 理解的遷移
- 與通則緊密扣合
- 引導學生自己產出通則

● **學習經驗**

1. 八年級美術

教師：「我們最近學了『消失點』（vanishing point）這個概念。今天你們要畫一幅風景畫，用線條來表達消失點這個想法。同時，準備好提出並說明其他有效運用『消失點』的風景或構圖。」

2. 十二年級經濟學

教師：「自然資源如何可能同時帶來經濟利益又對環境形成挑戰？你是一位環境保護人士，被指定與某公司的工程師合作，該公司希望能運用某種自然資源來增加公司獲利。你將跟工作夥伴一起選擇下列自然資源之一，研究某城市夾在經濟利益與環保考量之間的真實衝突。

石油

水力

煤炭

風力

市議會渴望與該公司合作來增加工作機會並改善小城疲弱的經濟。學生兩人一組，分別選擇環保人士或工程師的角色。環保人士要研究該公司提議的自然資源用途可能對環境造成的災害；而工程師要準備一份提案來說明如何利用自然資源，並準備提案就社區可獲得的經濟利益提出辯護。在分別向議會報告之前，跟夥伴互相分享自己的報告。準備好去說明如何極小化或避免環境衝擊，而讓經濟利益能夠實現。」

3. 二年級科學

教師：「今天我們要製作一個簡單機械。你的機械要能做到（do）某些功能（work）。從以下幾項中選擇你想要製作的簡單機械。

槓桿

滑輪

斜坡

想出一個你製作的機械可以完成的簡單任務。說明你的機械如何運
作。」

4. 十年級數學

寫在黑板上：「比例因子（scale factor）代表模型和實體的比率（ratio）。」

教師：「我們這陣子學了比例因子和比率的關係，因此你們應該瞭解黑板上
這句話的意義。每桌小組要把這觀念應用在兩個真實世界的實例上，判斷你
的模型和實物的比率和比例因子。

用自己的話，寫一個句子描述比例因子和比率之間的關係。」

5. 五年級音樂

教師：「我們最近聽了些旋律不同的音樂。你喜歡哪種旋律？快的？慢的？
還是重複模式的旋律？今天，你和你的夥伴要使用木琴，運用你們喜歡的韻
律和節拍創造你們自己的旋律。」

如果你辨識出學習經驗 1、2 和 4 需要用到綜效性思考，恭喜你答對
了！請注意，這幾個範例都需要運用事實性知識來支持概念層級的運作。你
能想出來如何把學習經驗 3 和 5 轉化成概念層級的學習嗎？

現在用你學到的技巧做個測試！修改以下這些傳統的學習活動來引發綜效性思考：

A. **語文**：閱讀 ＿＿＿＿＿ 故事，分辨故事中的人、事、地、時，以及原因（Who, What, Where, When, and Why）。

B. **外語**：完成規則動詞和不規則動詞的現在式和簡單過去式的動詞變化。

C. **藝術活動**：創作樹葉拓印。

D. **化學**：觀察化學反應並辨別出反應物和產物。

E. **地理**：畫出你的社區地圖並標註重要的地標。

F. **幾何**：在紡織品設計中找出變換的例子（平移、鏡射、旋轉、縮放）。

你想出如何修改這些課程，讓學生需要透過概念來處理事實，或是產出具有深度理解的通則了嗎？（範例參見資源 F。）

概念透鏡

最容易體驗概念為本教學威力的方式，是用概念透鏡來聚焦教學單元中的學習和思考。概念透鏡通常是像衝突或相互依存這樣寬廣的宏觀概念，以提供教室中單元學習的焦點。當學生透過焦點概念來處理事實性知識時，透鏡能確保他們運用了綜效性思考。概念透鏡同時也促成理解穿透時間、跨越文化與情境遷移。教師有時會選用比較明確的透鏡，以利學生對學科中某一特定重要概念的意義產生深度理解，例如，用「原型」作為透鏡或許可以用在英語文學科中，而「市場性」作為透鏡則可用於高中經濟學單元。

想一想，如果教師鼓勵學生用透鏡來思考，他們在表 7.4 列出的各個單元中會有何體驗？

▶ 表 7.4 · 單元標題與概念透鏡範例

單元標題	可能運用的概念透鏡
二次世界大戰	領導力 / 權力
大屠殺	非人道 / 人道
植物	適應
幾何形狀	變換
神話	起源
畫像	線條 / 陰影
舉重	耐力 / 力氣

 ## 歸納式教學與演繹式教學的對照

　　概念為本教學的另一個重要特色是引導學生自己形成理解的「歸納式教學」理念。歸納式教學與「演繹式教學」形成對比;後者一開始就告訴學生概念性理解,再吸引學生投入學習經驗以強化這些概念的意義。雖然單元教學中有時也會用到演繹式教學,但概念為本的教學較常運用歸納式教學來鼓勵學生去發現並建立自己的意義。看看以下這兩種教學的範例:

> 歸納式教學引導學生
> **自己形成理解**。

A. 演繹式教學

單元標題:人為的災害與自然的平衡

概念性理解公布在黑板上:「生態系統中,人為的災害會破壞自然的平衡。」

教師:「在本單元中,我們要學的是人為災害如何破壞生態系統中自然的平衡。」

學習經驗

- 全班討論「自然的平衡」的意義。

- 研究兩起重大的人為災害，如 2009 年的墨西哥灣油井漏油事件以及 2011 年的日本核災。

- 每桌小組列出這些災害對生態系統的影響。

- 兩人一組，共同決定在這些影響中，哪幾個會破壞生態系統中自然的平衡，準備好明天與全班分享並討論這個議題。

B. 歸納式教學

單元標題：人為的災害與自然的平衡

概念式透鏡：平衡 / 永續

概念性問題公布在黑板上：「面對人為的災害，環境如何永續？」

教師：「在本單元中，我們將調查人為的災害對自然平衡的衝擊，並探討環境永續議題。」

學習經驗

1a. 快速抄寫黑板上的問題後，討論環境永續這個概念。

1b. 討論「環境永續」的意涵，全班共同完成用一個句子寫出定義。

1c. 兩人一組共同檢視一組圖片，決定哪些圖片顯示出環境的永續性——一個健康的環境。

1d. 全班共同討論環境永續以及自然平衡的重要需求，以及必須具備哪些因素。

1e. 與夥伴在其餘的圖片中共同尋找線索，以指出災害導因於人為因素，對環境造成損害並破壞自然平衡。

2a. 選一個最近發生的人為災害，研究它對周圍環境以及生態系統的影響。藉由 Skype 與災區學生連繫，以瞭解災害對當地環境的衝擊，以及政府和社區的應變處置。

2b. 任務：

「你是市議會的議員，負有維持環境永續以及復甦經濟的責任。有個大型企業要把廠址設在穿越鎮上的河流岸邊。你知道工廠可以創造許多本地人的工作機會，但你想要確保環境永續並保護生態系統中的自然平衡。列出一組關於工廠對周遭環境衝擊的問題，提出對於水源、土地與空氣品質的疑慮。寫一封一頁長的信給企業負責人，表達你對自然平衡可能被破壞的觀點，並列舉可能造成損害的具體例子。在信的結尾你要表達，如果環境得以永續且自然平衡得以維持，你將支持企業設廠的計畫。」

 引導問題

概念為本的課程與教學必須運用提問以處理事實性知識／技能以及概念性理解。當我們檢視傳統課程的教學單元，常會發現歷史單元所包含的幾乎全是事實性問題，而自然科學單元包含的幾乎都是可以在不同事例中遷移的概念性問題。這是可以理解的；因為傳統歷史學習目標的寫法都在事實層級，因而導向事實性提問。例如，關於 1861 至 1865 年的「南北戰爭」單元中，通常會包含一組事實性問題來進行以下主題的探究：

不同的社會與政治信念如何導致美國的內戰？

哪些社會議題導致南北之間的衝突？

哪些政治議題導致南北之間的衝突？

為何在內戰之前以及內戰期間，南方人認為蓄奴是必須的？

為何北方各州反對蓄奴？

內戰開始時北方有哪些優勢？

內戰開始時南方有哪些優勢？

南方如何嘗試克服人力與物力資源的不利因素？

事實性問題鎖定於特定時間、地點與情境中──就如同事實鎖定於特定時間、地點與情境一樣。

而因為自然科學主要由學科概念架構而成，當然比較容易導向較多概念性問題；例如在「生態系統中的生存」單元中的這些問題：

族群（population）與群落（community）之間如何發生關聯？

群集中的族群是如何決定的？

非生物因素與生物因素對環境的衝擊為何？

洪水、龍捲風、火災或火山爆發等自然事件如何衝擊生態系統？

生態的消長如何維持生態系統？

在災難性事件之後，生態系如何達到均衡？

概念性問題可以遷移到不同時間、文化與情境之中，就如同概念可以遷移於不同時間、文化與情境一樣。

> 概念性問題可遷移到不同時間與情境之中，就如同通則一樣。

但是，若要學生達致歷史中深入、可遷移於不同時間、文化與情境的學習，就必須兼用事實性問題**與**概念性問題。歷史的教訓不在於事實性知識，而是要從事實性知識中蘊生出可遷移的概念性理解。從前述的內戰單元中，我們可能想到下面這些概念性問題，再加上事實性問題將有助於導引學生的探究通往概念性理解。

1. **通則（概念性理解）**：各自堅守的信念與價值觀可能導致長期的社會性與政治性衝突。

2. **概念性問題**：

　　為何「價值觀」的衝突最難解決？

　　「價值觀」與「意識形態」有什麼關係？

　　國家如何嘗試解決深植人心的價值觀與信念所衍生的衝突？

　　在另一方面，自然科學需要事實性問題來確認學生真正瞭解所學的概念。概念必須植基於特定的實證事例之中。

　　在「生態系統中的生存」單元中，運用以下事實性問題與概念性問題搭配，將足以確保學生擁有瞭解通則所需要的知識。

1. **通則（概念性理解）**：生態系統經由生態的消長歷程可以達成均衡。

2. **事實性問題**：

　　什麼是生態消長？

　　在沙漠生態系統中，生態消長會經過哪些歷程？

3. **激發性（辯論）問題**：

　　第三種問題是開放性的、激發思考的辯論問題。這些問題沒有肯定的對錯答案，吸引人動腦筋又很有趣。但一個教學單元中不會有太多激發性的辯論問題，因為辯論很花時間又不一定會導向必要的單元理解與知識，但這類問題肯定是「引導式探究」中的重要面向。例如，「南北戰爭」單元可能會討論這樣的激發性問題：「內戰終結是否確保了公民社會？請說明。」

　　在「生態系統中的生存」單元中，激發性問題可能是：「為何植物的總數比動物多？」

優質的教學法

　　第五章的規準中詳細列舉發展中的概念為本教師之特質。當然，每位教師都有其獨到的教學方式與風格，但優質的概念為本教學必須不折不扣的呈現以下重要特質：

1. 具備概念層級學習的三維度教學設計；
2. 結構化的探究以促成意義建構，並引導學生自己從教材中發現深入的概念性理解；
3. 刻意設計以啟動學生的綜效性思考；
4. 運用事實性問題、概念性問題以及幾個激發性（辯論）問題來建立表層理解與深層理解之間的橋梁；
5. 評量除了評測知識與技能之外，更必須評測深入的概念性理解。

　　教師需要瞭解知識在事實層級與概念層級之間的差異，以及這兩個層級如何交互作用，才能夠啟動綜效性思考。認清這一點對師資培育有極為重大的意涵。

概念為本的教室

概念為本教室中的學生通常會分成小組，共同探究重要的主題或議題——他們會運用**概念透鏡**聚焦單元學習並投入事實層級與概念層級的思

> 概念為本的教學法必須在一個單元中有多個通則，才能算是**以想法為中心**的教學與學習。

考（綜效性思考）。教師運用事實性問題、概念性問題以及幾個激發性的辯論問題來引出並延伸學生的思考，以促成結構化的探究。教師採用**以想法為中心**的教學法，引導學生達到更深層的概念性理解（通則）。在概念為本的教室中，觀課者會看到學生提出事實性事例來佐證構思中的通則。小組討論你來我往內容豐富。教師鼓勵學生在寫成通則時「字斟句酌」，直到通則能正確而簡練的代表它的事實性支持基礎。在「事實」和「具有代表性的概念性理解」之間反覆迭代的思考歷程，正是綜效性思考的精髓（譯按：iterative process 迭代歷程，意謂重複回饋的歷程，把結果所獲得的資訊作為下一次歷程開始的初始資訊，藉以一次次的更接近期望達到的目標）。

接下來，我們再一起更具體的看看社會、數學以及英語文等學科的課堂，以討論這些學科領域的細微差別。

● **社會課堂**：數學、自然科學或英語文等學科的通則通常被視為富有事實或歷程佐證的重要理解；但社會科有許多受到文化脈絡與時代影響的通則。這並不表示社會科沒有概念上的真理。社會科還是有許多跨越地理、經濟和政府等支線的通則是普世認同的理解；但是，無法「跨越文化與時代保持正確性」的通則可能需要在陳述中加入**經常、可以**或**可能**之類的限定詞。然而，限定詞不能過於頻繁使用，否則該學習單元的通則會顯得欠缺說服力

又平庸。除了加上限定詞，還有其他方式可以處理通則中例外或不規則的情形：設計引導問題來引出通則的例外情形，並探索形塑不同反應、觀點或真理的文化脈絡或時代，能夠協助學生瞭解文化脈絡與時代的重要性，以及現在主義的危險（Wineburg, 2001）。

安綴雅‧密立根（Andrea Milligan）和布朗溫‧伍德（Bronwyn Wood）這兩位紐西蘭威靈頓維多利亞大學的社會科教學專家，在《課程研究期刊》（*Journal of Curriculum Studies*, 2010）發表了一篇傑出的論文，題目是「概念性理解即轉變之始：建構複雜社會世界的意義」（Conceptual Understandings as Transition Points: Making Sense of a Complex Social World）。他們提醒在社會科學中，概念性理解的陳述不應該被視為終點，而應該要在考量文化脈絡、時代的影響，以及形塑行動、價值觀與信念的觀點後，作為轉移、延伸、深化思考的「過渡點」。此外，密立根和伍德也擔心教師可能把通則當成只是比較抽象的「事實」來教學生。

通則不是事實，也不是教學時直接講述的終點。當教師上課之初就把通則公布在黑板上，等於是把通則當成事實並告訴學生應該知道什麼。概念為本的教師會經由歸納式教學，運用協作探究與引導問題來逐步帶領學生達到通則。概念為本的教師從學生學習中引導出概念性理解，並要求他們提出事實性或實證性資料來佐證。概念為本的教師對自己學科的事實性與概念性內容具有深厚的知識，能運用教學和提問的藝術協助學生探索通則的例外事例並延伸對通則的理解。「所以呢？會怎樣？」（"So what?"）在社會科學和自然科學中都是強而有力的問題。

每個學習單元只寫一個概念性理解或通則是現在常見的趨勢。蘭寧和艾瑞克森堅信一個學習單元只有一個通則是不夠的，因為：

- 學習單元中的內容不只蘊含一項深度理解。單元網絡各支線中重要的微觀概念都蘊含了另一個向度的學習；因此必須要有足夠的通則來呼應每條單元支線。以歷史單元為例，其中不只有對歷史的理解，還有對經濟、政府、地理以及文化的理解；每條支線都有其獨特的概念與概念性理解，所以一個單元會有五到八個通則。

- 一個通則不足以改變傳統的教學法而成為以想法為中心的教學。此外，只有一個通則代表通則本身非常廣泛，因而會犧牲學科觀念的深度。想要協助教師轉變成經常運用歸納式教學並讓學生多方探究，就必須要有清楚而有力的想法作為教學的目標。

● **數學課堂**：數學本身就是概念性的語言，應該很自然的適合概念為本的教室。但傳統以來數學教學都無法引發深入的概念性理解，為什麼？為什麼許多成人都覺得他們**算過數學**，但卻不理解自己在做什麼？問題在於傳統上數學一直被當成運算性的程序與技能來教，教師實際上並沒教概念性理解，卻**兀自以為理解**會發生（譯按：意謂以為學生會算出答案就一定懂了）；用數學語言來形容，我們「只處理了等式的一邊」！概念為本的數學教室確實教了程序與技能，但教學更延伸到引導學生瞭解支持那些技能的概念性關係（通則）。數學不只要用演算法表達，也要會用文字表達。每一個重要的數學概念都有兩個重要的面向：

1. 相關的技能
2. 用概念性關係的陳述來說明重要技能

這也不是說數學中林林總總的技能都必須有一個相應的通則；而是強調每一個重要的數學概念除了演算法之外，都應該有幾個用文字表達的概念性理解。

● **英語文課堂**：像英語文這個強調歷程的學科，它的支線包含瞭解文本、反應文本、評析文本和生成文本（Lanning, 2013）。這些支線背後的基本道理在蘭寧的著作《設計概念為本的英語文課程：符合課綱標準與智識整全性》中有清楚說明。

如同前述，通則有時用來明確表達網絡中個別支線的重要想法，有時也可能代表英語文的網絡中多條支線（共同）的重要想法；歷程之間的互惠性助長這樣的交互作用。以下是一個短篇故事單元的通則範例並帶出三個討論點，此範例說明了通則如何提供教學機會以強化網絡支線中各個歷程互惠的性質。

短篇寫實小説通常深入探討生命中的一次事件或經驗。

1. 想想教師要將教學導向這個通則時，可能發展的不同教學單元；這些教學單元能夠支持學生**理解**如何建構短篇故事（**瞭解文本**）。
2. 想想這個通則如何也能夠引導短篇故事的寫作教學（**生成文本**）。
3. 思考教師可能提出哪些有關這個通則的**問題**，以及學生得以討論和分享對文本反應的機會（**反應文本**）。

長久以來英語文這個學科一直忽略概念性理解，而把焦點放在文本中提供的事實性資訊，以及讀、寫、說、聽、看、發表、研究等技能。將教學導向這些歷程所代表的重要意義將賦予學習相關性、深度以及意義。

問題討論

❶ 為何教師必須瞭解概念為本課程與教學的構成要素與教學法的要求？

❷ 你認為以下何者是啟動概念為本學習最重要的元素？為什麼？

· 概念透鏡

· 通則（概念性理解）

· 不同類型的引導問題（事實性、概念性、激發性）

· 學生投入綜效性思考

· 歸納式教學

❸ 你能想出一個隱喻或視覺圖像來傳達「綜效性思考」的意義嗎？

❹ 概念為本教師如何確保學生的學習經驗與實作任務能夠達到深度概念性理解的程度？

❺ 若在單元教學中只問開放的概念性問題，會出現什麼問題？

❻ 若在單元教學中只問事實性問題，會出現什麼問題？

總　結

　　本章說明教師應該瞭解的概念為本課程與教學「是什麼」、「為什麼需要」以及「如何做」。這些要素都有概念為本的教學單元和實作任務等明確的學科範例為基礎。此外也詳細討論了概念為本模式中的四個主要構成要素：綜效性思考、概念透鏡、歸納式教學和引導問題。第八章將延伸討論校長和教學輔導教師需要瞭解什麼，以利於概念為本課程與教學模式的實施和延續。

CHAPTER

校長和教學輔導教師
需要瞭解什麼?

在學校實施並延續概念為本
的課程與教學模式

在實施概念為本新課程的過程中，多數的學校教師和行政人員都必須有所改變。當我們在網路上搜尋「變革歷程」時，竟然跳出超過二十億筆資訊，既然有這麼多人公開分享變革歷程的訣竅，為什麼變革還是常常失敗呢？領導人要怎麼做才能避開陷阱？需要什麼系統到位，變革才能永續？本章將探討這些問題，並提出一些驗證過的答案來確保在課程發展上投入的努力和資源能夠產出預期的結果。

創造課程實施的條件

學校現場的領導人在投入概念為本新課程的實施之前，有不少準備工作要做。以下是幾個預備步驟：

1. 檢視變革的隱性阻礙

如果我們真心致力於成功實施概念為本的新課程，引領變革的第一步是先停下腳步，嚴苛內省並正視自己以及必須改變的個人行為。羅勃‧基根（Robert Kegan）和麗莎‧拉斯寇‧雷希（Lisa Laskow Lahey）在《哈佛商業評論》（*Harvard Business Review*）上發表了一篇題為「人們不改變的真正原因」（2001）的文章。文中不但討論人們不改變的某些隱藏原因，還提供了一個**對變革免疫的診斷性測驗**（*Diagnostic Test for Immunity to Change*），可以用來找出那些不自覺阻礙變革的「相競承諾」（competing commitments）以及根深蒂固的假設。作者建構的理論是，直到充分理解心理學上稱為「相競承諾」的動能之前，領導者無法改變自己或其他抗拒改變的人。換句話說，學校領導者或許公開宣稱將會致力於以概念為本新課程來改進教學，但他的實際行為——例如不提供眾人皆知教師所需要的支援——其實可能是一種偽裝的隱

性或相競承諾。這篇文章絕對值得一讀。此外，有些人擁抱改變，有些人則不輕易離開舒適圈；想要有效的協助教師們瞭解並成功進行變革，必須要先瞭解不同教師的個人特質。

2. 組成現場的學習小組

　　瞭解變革的必要性與迫切性被引述為變革歷程中的重要因素。有些受困於難以改善學生學習成果的學校，常因為過去的多次失敗而對新課程冷漠疏離。另一方面，學生學習表現相對紮實的學校可能又覺得沒有實施新課程的必要；對這些學校而言，重新考慮過去已經證實「有效」的做法，意味要冒著學生成績下滑的風險，因此視維持現狀為比較好的決定。

　　要突破這些態度、確保所有學生的持續進步，並創造集體意志來讓大家協力進行概念為本的教學不是容易的事功。這說明了為什麼面對挑戰時校長不能孤軍奮戰。在變革歷程中，組成學校的學習或領導小組是約翰·柯特（John Kotter）和侯格·札施格勃（Holger Rathgeber）所建議的重要步驟（2005）。召集一群具有影響力的教師和教學輔導教師來協助引導新課程的實施，不只加速對全校性變革的支持，也增加了持續、正確且及時的溝通。學校領導小組成員必須廣受同事尊敬、代表多元觀點，而且全力支持概念為本的課程。曾經與這樣的小組共事過的校長們都讚不絕口的表示，對變革過程以及持續改善而言，這樣的小組發揮了很大的作用。在實施新課程時賦予教師發言權合情合理，因為他們最接近執行現場，因此能更有效的預期並且解決在變革過程中自然會碰到的問題。一旦學校學習小組瞭解了符合課綱的概念為本教學設計「是什麼、為什麼和怎麼做」，他們就可以協助帶動其他教師的接受度。

3. 形塑概念為本教學的共同願景

　　成功實施新課程的另一項準備工作，是把概念為本的單元轉化為教學實務中的樣貌。許多將要執行新課程的教師並未參與課程發展的過程，所以無法充分瞭解概念為本的教學與傳統教學如何不同。此時，有效溝通是關鍵；在開始之初，教師需要實際範例與許多對話。當我們必須改變長久以來的實務做法時，會造成對失敗的恐懼與焦慮高漲，因此必須給予許多保證、支持、示範與指導。此外，讓教師們有充分的時間學習並練習概念為本課程的各項組成要素也有幫助。當學校領導人清楚形塑概念為本教學「是什麼、不是什麼」，以及它如何「在學生的學習上成效顯著」的共享願景時，第五章敘述的規準以及我們出版的諸多其他資源會很有價值。有了深度理解與成功實踐，人們會發展出新的教學心智模式，並產生對概念為本教學與學習的擁有感，進而成為思考與行為的方式。

教師進修

　　我們不斷聽到初次實施概念為本課程的教師提及進修機會不足。提供教師所需的專業成長是基本要務，但

> 忽視專業成長對教學與學習的改善帶來災難性的後果。

專業成長也經常成為優先削減的經費項目，因而對教學與學習的改善帶來災難性的後果。

　　「關注本位的採用模式」（concerns-based adoption model, CBAM）（Hall & Hord, 1987; Hord, Rutherford, Huling-Austin, & Hall, 1987; Loucks-Horsley & Stiegelbauer, 1991）已經存在數十年，雖然這個模式對新課程的實施歷程有顯著貢獻，相關研究卻也經常被忽略。這個模式可以辨識出人們在接納變革

的過程中會經歷幾個可預期的發展階段。在初期階段，人們的質疑或關注大多跟自己有關，例如：「這是什麼？」及「對我會有什麼影響？」；這些問題解決之後，下一階段則會萌生與任務有關的顧慮，例如：「我該怎麼做？」、「我要如何有效運用這個課程？」、「我該如何讓自己有條理？」及「為什麼要花這麼多時間？」；最後，當有關自己和任務的顧慮慢慢消失之後，焦點終於轉移到對影響的顧慮：「這個改變對學生有幫助嗎？」以及「還有什麼其他方式會更有成效？」

受過「關注本位的採用模式」訓練的校長和教學輔導教師，會運用以研究為基礎的評量工具來瞭解教師們的顧慮處於哪個階段，進而依據這些瞭解設計專業成長以提供協助。瞭解教師的關注屬於哪一階段，使教學輔導教師對其他教師提出的問題類型保持更高的敏感度。

此外，我們從「關注本位的採用模式」學到的另一課是：持續幾年關注實施情形很重要。從解決初期的關注到下階段的關注浮現都需要花些時間。因為專業成長的機會很珍貴，不能浪費在教師還沒準備好要聽的主題，或已經不是問題的關注層面。當專業成長針對個別教師當下關注的層面時，效益最高；這意味著我們必須為教師們提供差異化的學習機會。如果教師要實施一整學年度概念為本的新課程單元，而且必須改變實際教學方式、要教的單元主題以前都沒有教過，壓力很快就會大到難以承受。但好消息是，伴隨必要的支援和時間，凡事終會圓滿完成。霍爾與賀德（Hall & Hord, 2011）的新書完美結合了「關注本位的採用模式」和專業學習社群，對正在學習概念為本課程與教學的教師提供了必要的支援。

伴隨績效責任的教師支持：建立系統面的綜效

在前面幾章，我們將綜效性思考定義為低階思考與概念性思考的交互激盪，能導向深度理解與遷移概念與想法的能力。綜效性思考的歷程會啟發智能並激勵學生學習。認真想要改進教學與學習的學校領導者與教學輔導教師會特意在教師身上複製這樣的認知交互作用。這些學校領導者提出系統性的計畫（通常是由領導者與領導小組成員共同訂定），以增加全面性的協作並創造支持概念為本教學與學習的學習環境。

學校校長、教學輔導教師、教師對彼此提出的問題類型，會促使大家開始在概念性架構中思考教學與學習。例如「教學前的問題」開始變成：

- 你為何決定這個教學單元要聚焦於這個（些）概念？
- 哪個課程通則引導這個教學單元的設計？
- 你如何決定這個教學單元要包含哪些事實性知識及技能？你覺得這些事實性知識及技能有助於引導學生理解通則嗎？為什麼？
- 你會說明這個教學單元中事實、概念與通則等學習目標之間的關係嗎？

「教學後的問題」開始包含以下這些問題：

- 你覺得學生已經理解這個教學單元的主要概念嗎？你的證據是什麼？
- 你如何決定要先呈現哪種（些）屬性，然後要求學生辨識出它所代表的概念？
- 這個教學單元中你運用了什麼工具來協助學生連結事實性與概念性兩個層級？這個工具的成效如何呢？

- 你如何協助學生理解通則？這個教學單元的設計是否使學生的思考具體可見，而且能夠及早發現迷思概念？

當學校成員之間的對話有了共同的、概念為本的語言之後，將會呈現一個清楚的焦點：要持續精進每個人對概念為本教學法的理解與實踐。當教師們開始重新思考自己的傳統教學實踐時，你幾乎可以「聽到」燒腦的聲音。例如，最近有一位正在學習概念為本課程設計的一年級教師說：「這些新的學習讓我馬上開始重新思考為什麼要教『家庭』這個單元。單元中學生要進行訪談、記錄家中成員人數等；但是，我開始思考，這一課真正的意義是什麼？這一課中有哪些**概念**是我應該聚焦的？現在我領悟到如何能夠賦予這個單元更多的深度與意義。」當你聽到這樣的洞見，就知道綜效性思考也正在教師這個層級發生！校長與教學輔導教師可以經由持續的對話與行動來培育出這些洞見。

對教師的協助也必須有相當程度的個別化安排；第五章描述概念為本的理解、教學單元計畫與教學不同精熟程度的規準，以及前述「關注本位的採用模式」所發展的工具，都可以用來協助教學輔導教師客製化教師們的學習需求。

最後，回饋是支持教師改變與持續改進的另一個要素。如同及時提供相關的回饋有助於學生學習，正在學習新教學實踐方式的教師也有同樣的需求；尤其教學輔導教師所提的問題種類也可以是重要的回饋形式。如果回饋不符合課程變革的方向，教師會感到困惑無助而迅速回歸傳統的教學方式。

> 如果回饋不符合課程變革的方向，教師會感到困惑無助而迅速回歸傳統的教學方式。

學校支持教師並不代表教師免於績效責任；換句話說，沒有人可以「等待變革風潮過去」。專注的支持加上逐漸增加的績效責任所傳遞的訊息是：「我們對於實施概念為本的課程是認真的，而且我們會一起學習。當

我們開始這段旅程時，這是你必須做出的承諾；而我已許下承諾會支持你。」

　　如果沒有彼此的承諾，「首先響應」的教師會義無反顧的全心全力投入；而有些人則會對先行者的進展「走著瞧」，然後才慢慢伸出腳趾試試水溫；還有些人始終袖手旁觀，靜待這一波如同之前的變革一樣船過水無痕。這種大雜燴式的努力與承諾是不可接受的。校長與教學輔導教師要跟教師們清楚溝通，鄭重說明會堅持概念為本的教學與學習，也一定會支持教師並提供專業成長。

蒐集並分析「對」的資料

　　在學生們發展深入概念性理解的過程中，我們需要一個有效方法來監督學生的進步。一個單一的資料點（data point）當然不夠；概念為本的教學運用形成性評量到總結性評量之間的多重資料點，以顯示學生的知識、技能發展與**理解**。如果檢視目前整個年度對學生實施的大部分評量，你會發現知識和技能不斷被評量，而清楚顯示學生理解深度的資料卻少到幾乎沒有。

　　概念為本的教學單元結束時，常見的終點實作任務是整體性分析學生跨年級學習成效時的資料來源之一。這些任務必須精心設計以涵括學生的理解、知識與技能三個不同領域的資料。因此，在概念為本的教學歷程中也必須有評量工具來蒐集這三個領域的資料。

　　外部的總結性評量沒有評測理解，因而無法敏銳的發現學生在概念為本課堂初期的進步。依據我們與許多實施概念為本課程學區的合

> 為了要掌握學生學習持續發生的改變，教師需要運用各種評量的方法與形式。

作經驗，假以時日，學生在各種評量上的表現確實都越來越好；為了要掌握學生學習持續發生的改變，教師需要運用各種評量的方法與形式。

及早蒐集扣合課程的形成性評量資料很重要，因為：第一，這些不是高風險（high-stakes）評量，而是教師的重要學習工具，教師們協同分析時，自己的學習也開始成長。第二，如前所述，扣合課程的評量評測概念為本學習的所有面向：學生**知道**、**理解**、**會做**（技能）什麼，這樣才能建立一個更精確的學生學習檔案。

當我們把不同的資料點當成教學上的「朋友」時，它們就可以變成幫助學校進步的有效工具。然而，要促成這樣的心態，我們需要的資料必須能夠提供精確證據，幫助學生朝向概念為本課程的學習目標進展。最能激勵教師的莫過於看見自己努力成果的有效證據。這是概念為本學習得以成長並永續的最佳方法之一！

問題討論

❶ 學校如何為實施概念為本的課程做好充分的準備？

❷ 為什麼讓校長、領導教師與教學輔導教師都瞭解概念為本的課程與教學這麼重要？若他們不瞭解，後果會怎樣？

❸ 你的學校目前蒐集並分析的是學生的哪種表現資料？在評量中是否包括學生對學習內容與重要歷程中萃取出的通則的理解？

總　結

做好課程實施的準備可幫助每個人都有好的開始。同樣重要——甚至更重要——的是提供高品質的教師專業成長。在美國，太常發生承諾要提供持續的教師成長但卻沒做到；這是概念為本的課程實施不順而無法持續的主要原因之一。校長、領導教師與教學輔導教師有責任要確保這種憾事不會發生。

我們（艾瑞克森和蘭寧）常在全美及世界各地帶領工作坊，教導各地的領導教師與教學輔導教師如何為概念為本教學與學習提供完善的支援。我們覺得這些工作坊令人興奮、充滿希望而且收穫豐碩！當領導教師進入課室，提供融入實務的概念為本教學與學習的專業發展時，教師的理解程度大幅增高。這是一種非常有效而不具威脅性的方式，讓學校可以提供有明確、清楚期望的教師支持。

在協助教師們實施概念為本的課程時，領導教師與教學輔導教師首先把重點放在概念為本課程致力達成的學習型態。一旦清楚看到概念為本的課堂中預期的學生學習證據，討論就轉換到如何組織學習環境，以及如何設計教學以達成學習目標。在教學中，如果學生的學習與**理解**未如預期的進步，教師會調整或重新思考教學策略／技巧。高效能概念為本教師的特徵，是將學生的學習目標〔他們**將知道、理解**以及**會做**（技能）什麼〕作為教學單元計畫的首要考量，並持續蒐集學生對教學反應的證據。

09

學區領導人對於
概念為本的課程設計
需要瞭解什麼？

我們在第五章討論了成為優質概念為本教師所需的學習歷程，在第八章談到校長與領導教師在學校該做些什麼來支援概念為本的教學與學習；本章則轉向學區領導人。我們期望傳遞的訊息是：如果希望教學與學習的轉化（transformation）扎根並成功，那麼教室、學校和學區必須運作成相互依存的系統。當這個目標實現時，家長、社區成員，以及特別是學生，都會瞭解整個系統所預期的共享文化。

當然，像概念為本這樣豐富而有意義的課程設計，未必是學校改革唯一的答案，但課程的確扮演了關鍵角色。學區課程可以成為界定系統中工作內容、價值與行為的基石。其中教師的工作在於實施課程並仔細蒐集學生的學習證據；學校領導人的工作在於經常監看並支援教師的課程實施，以及密切注意學生的進步；而學區辦公室的領導人則必須對學校裡發生什麼事常保關注。為了確保所有關鍵部分的運作協調一致，學區的課程必須明確界定哪些共同努力能夠改善學生的學習表現，並幫助學生準備好迎接未來的挑戰。優質的學區課程將提供：

- 對每個人的清楚期望；
- 專業性對話的共同焦點；
- 選擇資源的基準；
- 決策的基礎；以及
- 跟家長與社會大眾持續的互動。

> 學區課程可以成為界定系統中工作內容、價值與行為的基石。

學區領導人對於概念為本課程與教學的分享

　　我們邀請了三位不同學區的領導人來分享他們實施概念為本課程的經驗。我們提出的問題包括：「你如何支持學區既有課程轉變成概念為本的課程？」「學到了哪些課題？」「你如何延續改革的動能並建立整個系統的發展能力？」這些領導人的分享反映出決定實施概念為本的課程與教學之後，不同系統型態所面對的挑戰。

　　首先貢獻經驗的是伊利諾州惠綾市第 21 社區聯合學區的學校改進計畫主任潔奈・霍克特（Janelle Hockett）。這是一個位於芝加哥市郊涵蓋幼兒園到八年級的學區，大約有 7,000 個學生，其中 46% 是白人，2% 非裔，43% 拉丁裔，6% 亞太裔，2% 多族裔，沒有原住民；約 36% 屬於低收入戶，37% 是英語能力受限的學生（Limited English Proficiency, LEP），學生平均每天出席率為 95%，而學區家庭使用語言共有數十種。雖有許多需要憂心的事，但學區長久以來不曾改變對概念為本課程的堅持。以下是潔奈的故事。

　　本學區的運作前提是：教育團隊的教師成員、學生自己以及家長的協同合作形成專業學習社群（Professional Learning Community, PLC），讓學生獲得整個教育團隊的最佳照顧；其中各群體齊心致力於學生的學業精熟並高度自發的邁向終身學習。

　　在這個模式中，學區各領導人也必須彼此合作以發展共享願景、聚焦目標以及確保願景實現的行動步驟。學區領導人的主要角色是透過有效的溝通、有成效的專業發展、明確的指導和持續的支持來服務其他人。

　　身為學區團隊的成員，我們徵詢對未來教育胸有定見的專家以做出

明智的決策。我們的任務是提供機會幫助所有教師瞭解如何將學區創新方案融入每天的「例行公事」中實踐。例如，設法解決概念為本的課程與教學模式跟實境式學習（authentic learning）之間如何連結等問題，這對於提供學生應得的教育經驗是必要的工作。

我們已經不能再用以前自己當孩子時候的方式來辦學了。誠如威爾‧李察森（Will Richardson, 2012）在《為何要有學校》（*Why School*）書中的豪語：「世界已經改變，就學習方法以及孩子需要學習什麼技能、素養、傾向與知識才能在未來有所成就而言，世界正在快速而徹底的改變。」

> 「我們已經不能再用以前自己當孩子時候的方式來辦學了。」
> ——潔奈‧霍克特

接著，李察森指出學校存在的目的必須改變。

這段論述的重點在於學校最重要的功能是培育學生成為學習者——能夠成功運用豐富資源於指掌的學習者。這類型的學校幫助學生做好準備以面對他們未來生活的世界，而不是我們自己所成長的世界。

在這段嶄新的論述中，學習不再專注於吸收已不再稀有的資訊或知識，而是在於提問、與人共同尋找答案、為真實的對象提供重要的工作，並為已經逐漸成為知識倉庫的網絡增添（而不只是取用）自己的貢獻；且在於發展終身深度學習者所需要的習慣與傾向，以在充滿資訊與連結的世界中獲得成功。

概念為本的模式是一個有力的工具，可以用來確認學生投入確實超越事實性知識的真實學習經驗。當資訊已經隨時可得，我們必須提供學生這樣的學習經驗：能夠挑戰學生運用資訊產出有意義的結果、提問並回答概念性與激發性問題、解決真正的難題，以及與真實的對象合作並

產出成果。作為學區領導人，我們必須形塑這種課室樣貌的願景。我們需要經由言語和行動來示範，要達成這個願景所需要的行動對於學生未來的成功非常重要。

我們和琳恩・艾瑞克森的合作遠溯到 1990 年代中期。我們一起投入單元設計，並經歷要把概念為本的模式在教室執行完成的挑戰。我們之中許多人至今仍專注於透過設計與教學來回答課程中的「所以呢？會怎樣？」的重要性。然而，這些年來，雖然我們的課程架構在書面上是概念為本的模式，但許多因素使我們無法持續高品質的課室實踐；阻礙我們進展的主因包含 NCLB（No Child Left Behind, 2001，《有教無類》法案）、退學率以及眾多其他創新方案。

作為領導人，關注課室中分分秒秒、不可或缺的日常教學努力非常重要。只有書面上的架構是不夠的，提供一次性的在職進修也不夠。當我們繼續奮力把握時間應付眼前挑戰的同時，我們也努力確認學區層級所做的決定聚焦於達成願景一致的重要現實目標。

過去我們已經完成：

- 與琳恩・艾瑞克森合作提供專家訓練
- 運用「培訓者養成訓練」（trainer-of-trainers）模式持續提供大規模的專業成長機會
- 透過暑期課程研習，以團隊方式進行概念為本的單元設計與深入應用的機會
- 提供全學區研習日，帶領所有成員參與一次概念為本的示範教學
- 制定並分享專為概念為本課程與教學設計的規準，以釐清本學區對於課程設計與教學應有樣貌的期望
- 每年為學區的新進教師提供概念為本模式的簡短介紹

- 經由本學區與伊利諾州立大學結盟的專業發展學院（Professional Development School, PDS）為實習教師提供專業發展、課程編撰經驗以及應用的機會

目前的努力與未來的需求：

- 使校長與其他學校領導人投入課程設計的過程，包含撰寫核心理解以及設計學習鷹架
- 持續簡化學區和學校改善所需的努力，並集中於學區專業學習社群的重點項目（見以下實境式學習的重點項目）
- 腦力激盪所有學區專業學習社群重點項目之間的連結，包括為何概念為本的課程與教學會是關鍵構成要素
- 提供校長與其他學區領導人學習經驗，重心在於將概念為本模式的原則融入實境式學習單元的發展
- 邀請琳恩・艾瑞克森及其團隊進行為期一週的暑期研習，再次喚醒落實概念為本課程與教學的承諾
- 挑戰學校領導人及團隊在整個學年中持續進行對話
- 重新檢視概念為本的規準以連結以夏洛特・丹紐森的教學架構為基礎的學區專業評鑑計畫

結合以上努力，我們持續投入改進學區能力標準（District Power Standards）與課程架構，以密切符合各州共同核心標準。其中當然會包含共同核心標準中最重要的部分（提高嚴謹度、注重資訊素養等），我們也持續堅守立場，拒絕「一哩之寬／一吋之深」的課程。我們拒絕捲入凡事都是「共同核心」的風潮，認為策略性的排出標準的重要性順

序，以及提供所有學生實境式學習經驗更加重要。因此我們需要詳細分析組織中每一層級的實際運作：

- 每天課室教學的實況是什麼？
- 我們如何確認系統中的所有成員都充分瞭解學區願景，並採取必要行動以付諸實現？
- 身為學區領導人，我們製造了什麼不必要的阻礙，而使得學校領導人在實現願景上遭遇困難？
- 我們如何為學校領導人提供最強大的支援，讓他們可以專注於提高所有教師的教學精熟度？

如果我們充分瞭解並接受概念與核心理解的重要性，會引發教師對超越教科書、學習單以及過去以教師為中心等課室教學的渴望。明日的成人應該得到更多引人入勝的學習經驗，以概念為中心、由真實問題主導、經由產出真實作品而解決並與真實對象分享。實現這個願景將保證在進入我們勇於預想的未來之後，學生會獲得成功。

Learning
21

當課程可以連結並應用於學校以外的世界時，學生得以練習重要的學業技能與學習者品質技能（Learner Quality skills）、學習全球性課程並為真實的目的創造真實作品，因而在當今世界中產生改變。

當評量能提供有意義的資訊時，學生就能瞭解並發展個人的長處，改進自己的缺點，設定目標而掌控自己的學習。

當學習**與社會和情感連結**時，學生就會發展發散性思考（divergent thinking），同理他人，並以真誠的方式表達自己。

當學生**隨時都可以取得工具和資源**時，他們就隨時隨地都有機會跟別人表達並溝通自己的學習。

當**創意與創新的文化**存在時，學生掌控自己的學習、應用高階層次思考技能、創造新奇的解決方法，並且受到鼓勵去分享自己的知識與作品。

▶ 圖 9.1・第 21 社區聯合學區的學習原則

來源：Community Consolidated School District 21.

　　下一位學區領導人，瑪西雅・盧康（Marcia Lukon）表達了她身為位於羅德島詹姆斯鎮的幼兒園到八年級小型學區教育局長的獨特觀點。羅德島的詹姆斯鎮人口約有 6,000 人，這個學區的人文背景與前述潔奈・霍克特的學區形成明顯對比。詹姆斯鎮學區從幼幼班（pre-kindergarten）到八年級共有 498 名學生。學區中有兩個學校：小學從幼幼班到四年級，包含幼托整合的幼幼班與全天幼兒園，中學則只有五到八年級。詹姆斯鎮的高中年段學生（約 200 人）則依「學費協定」到鄰近學區的高中就讀。學生中有 10% 來自低收入戶，93% 是白人，3% 亞太裔，1.5% 非裔，1.5% 拉丁裔。

當我決定從麻省一個區域性學區的教育局長職位退休，並搬到羅德島海灘去時，完全沒預期到我的退休只維持不到一天，就又回到職場擔任一個從幼幼班到八年級小型學區的兼任教育局長。這學區位於風景如畫的納拉甘塞灣的一個小島上。那時正是 2007 至 2008 學年之初。雖然學區中學生的成就表現已不再持續成長，但因羅德島教育部門已將該學區標示為高成就學區，所以當地教師找不出理由要改變現行教學。教師們視本州各年級的預期表現以及學區採用的計畫（programs）為「課程」，而績效責任制與教師評鑑幾乎不存在。

在過去二十七年中，我曾在新英格蘭地區的康乃狄克、麻省與羅德島等三州擔任過小學校長、課程評量與專業發展主任以及教育局長等不同領導職位，也很巧的總是在每一州的「教育改革」開始之初上任。這三州幅員都小又相互比鄰，容易讓人產生錯誤的假設，認為各州的改革方式會相近，我也曾犯過這個錯誤，但事實卻天差地遠。我因此學到，雖然研究的發現可以為學區領導人提供指引，但外在壓力如該州的規章、命令與績效責任評量等所形成的各州情境脈絡大不相同，因此各州教育機構的運作亦隨之不同。此外，在每一個我擔任過領導職位的學區，各學區行政人員與教師在變革之初對於改革創新方案複雜度與重要性的瞭解也參差不齊。

> 「想從學區的現有課程模式走向全學區成功實施概念為本的模式，在決定成功機率最高的路徑時，務必仔細思考脈絡因素並在規畫中妥善因應。」　——瑪西雅‧盧康

對學區而言，雖然外部的影響很重要，但當地的歷史與脈絡也很重要。想從學區的現有課程模式走向全學區成功實施概念為本的模式，在決定成功機率最高的路徑時，務必仔細思考以上脈絡因素

（contextual factors），並在規畫中妥善因應。

　　我學到的一課是：想要有效改進教學與學習，從注重事實與技能的傳統二維度主題式課程設計，進展到琳恩‧艾瑞克森注重學科內容中深度而可遷移的概念性理解的三維度課程模式，學區教育局長首先需要瞭解學區中必要的根本思維改變。身為學區教育局長，你是否能夠正確評估學區領導人與學校領導人對範式改革的準備度，並發展有效的實施與支持計畫便取決於你的瞭解程度。赫曼和斯均費爾德（Herman & Stringfield）在《教育所有孩子的十種高成效課程》（*Ten Promising Programs for Educating All Children*）中，從二十五個課程改革現場的觀察結果，發現凌駕特定改革方案的某些在地變項對於促成或阻礙改革實施有很大的影響（1997, p. 127-128）。

　　支持計畫的關鍵面向中，應該包含持續提供所有組織層級高品質專業發展的承諾，從所有的學區領導人開始，不論期程需要多長，要包含教育局長自己、校長以及參與協助課室層級實施的領導教師，因為自己不懂的事，你無法領導。長久以來已公認教師、校長與學區教育局長的學習與發展是一體的；有效的專業發展原則適用於這三個群組，而且有效的系統緊密並互相關聯的進行三個群組的專業發展（Fullan, 1991）。我相信教育和教學的領導人只會持續支援他們充分瞭解並重視的創新方案；但是，你可能會發現學區領導人如同教師一樣，對於這個範式轉移（paradigm shift）的準備度會是逐漸形成的。差異化教學與支援對成人學習來說跟對學生一樣重要。親身參與為期數天的暑期靜修（retreat），能體驗不受干擾的協作環境，讓即將領導並決定新課程最終成敗的一群人開始去學習、質疑、掙扎、理解其重要性，終而擁抱概念為本的課程。它會提供你機會去傾聽、學習、評估你的領導團隊的優勢與發展潛

力，並引導他們瞭解概念為本的課程與教學如何連結到他們現行的實踐，或以現行的實踐為基礎再發展。之後，確保有足夠的經費支援、協作規劃的時間、訓練精良的領導者、將工會和合約的限制降到最低等這些你持續關注並提供支持的環境，都是成功轉型成概念為本的教學與學習的必要條件。留意學區中其他領導人們會注意你的言語、行動與決策，以確定你承諾並支持他們正在進行的艱困工作。請做好準備不斷回答這個問題：「我們為什麼要這麼做？這麼做的價值是什麼？」

從這些學區領導經驗中，我學到的經驗是：無論各地教育機構運作所處的各州與城鎮脈絡多麼不同，企圖改變存在已久的、熟悉而自在的教學實踐時，學區教育局長與核心辦公室領導幹部（如果幸運擁有的話）的持續支持是必要的條件。概念為本的課程不是一個可以「快速啟動」然後就交接給校長們的創新方案，你必須要使概念為本的課程與教學成為學區當務之急，並持續賦予優先性直到願景成為現實。我相信如果學區教育局長執行以下措施，會大幅增加課程實施的成功機會：

- 支持的願景中明列教學必須提供所有學生進行比以前更細緻複雜的思考。
- 持續明確表達提供所有學生有意義且富挑戰性的課程與教學的需求。
- 清除以不同方式實施教學與評量會遭遇的障礙。
- 當學區與學校領導人瞭解這個重要使命時，提供堅定不移的支持。

傅藍（Fullan）觀察到：「促成改變的能力和促成進步的能力是兩回事。改變到處發生，但進步則不然。如果我們沒學到思維和行動必須改

變的教訓，那麼改變越頻繁將導致越多不變。」（1991, p. 345）這段話
至今仍然如同二十多年前他發表時一樣正確。

採納各州共同核心標準（CCSS）與新世代評量（Next Generation
Assessments, NGA）後，全國各地學區必須重新思考並設計課程、教學
與評量，以確保學生的學習提升到更複雜的智識層次。CCSS 和 NGA 所
要求的課程以及教學與評量改變，提供我們另一個促成重大進步的機
會，同時也提供一個機會來引用（或擴展）概念為本的課程與教學作為
校長與教師瞭解新標準的工具。學校改善的努力難竟全功，希望我們移
交給後任時，比我們接任時更好。

最後一位金姆・洛斯特（Kim Rost）是愛荷華州波卡洪塔斯區草原湖第
八教育署（Prairie Lakes AEA 8。譯按：AEA 全名為 Area Education Agencies，
是愛荷華州政府設置的區域教育署，全州分成九個地理區域，各設置一個教
育署，提供該地理區域內各學區公私立學校共享的教育專業服務，如教學支
援、特教服務、媒體科技、專業發展等多種服務）的專業服務主管，她分享
了她如何開始在該機構所服務的學校中推展概念為本課程的經驗。草原湖教
育署是愛荷華州九個區域教育署之一，涵蓋大約 8,000 平方哩的地區，面積
大於德拉瓦州（2,489）、康乃狄克州（5,543）以及羅德島州（1,545）。草原
湖 AEA 服務的區域跟紐澤西州（8,721）不相上下；這個教育署支援 44 個公
立學校學區以及 11 所認證過的私立學校，共有 32,000 名在學學生。在金
姆・洛斯特及其團隊領導之下，愛荷華州的西北區正在促使概念為本的課程
與教學成為每個人口中的重要詞彙，並融入教學實踐中。

　　草原湖教育署的營運系統跟愛荷華州教育部門以及約 50 個郊區學區保有夥伴關係，因此與利害關係人開了無數次的會議來說明任務的願景。從這些對話中，製作出圖 9.2 來解釋變革的持續性本質。左邊的三個鋸齒代表實施各州共同核心標準與愛荷華州核心標準，並同時結合概念為本教學與學習的必要步驟。

　　因為愛荷華州立法規定要實施各州共同核心標準與愛荷華州核心標準，因此學區都很憂心執行情況。大部分教師把核心標準當成一個「標準參照」（standards-referenced）的課程來執行，而要改變成「標準本位」（standards-based）則是截然不同的。我們達成的共識是：即使教育工作者知道愛荷華州核心標準（第一個鋸齒）的內容，但若沒有充分瞭解艾瑞克森的知識性結構與蘭寧的歷程性結構，它還是可能被當成傳統的、以教科書為主的課程而「打勾核對」就算完成。我們領悟到，如果教育工作者不能運用這些理解來協同設計單元，教學上將不會有任何改變。

> 「我們達成的共識是：即使教育工作者知道愛荷華州核心標準的內容，但若沒有充分瞭解艾瑞克森的知識性結構與蘭寧的歷程性結構，它還是可能被當成傳統的、以教科書為主的課程而『打勾核對』就算完成。我們領悟到，如果教育工作者不能運用這些理解來協同設計單元，教學上將不會有任何改變。」 ──金姆·洛斯特

　　學區共組聯盟並協調訂定所有學區全年一致的專業發展日。這樣的安排讓我們不只學習各州與愛荷華州核心標準的內容，同時也可以結合概念為本教學與學習的訓練。下一步要在 2013 年暑假的四天工作坊中，跟各年級教師協作設計概念為本的課程單元。教師們接著在 2013

年的第一學期大約同樣時間進行該單元的教學。這樣的規畫使教師跟夥伴、區域教育署的諮商顧問、校長共同學習如何進行概念教學時，公開透明的互相瞭解。實施時，設計者會持續修改單元並公布分享；這些實踐社群成員會繼續設計、分享、改進這些符合各州與愛荷華州核心標準的單元。這樣大規模的努力將協助實現我們的核心理念——教育必須改變。在我們的孩子將面對的世界中，他們必須具備遠超過傳統教育所提供的「思考」，才能永續並增益民主制度以及美國在全球社會的地位。

實施愛荷華州核心標準
（融入概念式的教學與學習）

理解 愛荷華核心標準	·與利害相關人溝通願景 ·初期調查 ·深入調查	
概念式單元規畫 結合 愛荷華核心標準	·知識性結構 ·明列預期結果 ·決定證據 ·發展學習計畫	內容知識 與校準
愛荷華核心標準 教學	·有效的教學實踐 （有效教學的特徵） ·夥伴支援（結合輔導與回饋）	

▶ 圖 9.2・實施愛荷華州核心標準

來源：Kim Rost, Prairie Lakes AEA 8, Pocahontas, IA.

問題討論

❶ 這些學區領導人學到哪些重要經驗及／或提出哪些建議？

❷ 學區領導人如何加快從傳統二維度課程到概念為本三維度課程的轉變？

❸ 這些領導人所描述的改變歷程中有哪些關鍵要素？

總　結

　　來自不同學區的三位領導人相互呼應的訊息是兼具動態性與前瞻思維的**領導力**。建立並維繫概念為本的課程與教學的威力需要思慮周詳、堅持不懈與人本式的領導。領導的意義在於培養他人的能力與關注學生持續進步的心態；也就是大家同在一條船上的觀念。我們的使命端賴熱情與幫助學生未來成功的承諾，見諸於組織中每個人都討論概念為本的課程與教學這個「使命」，並積極尋找學生深度理解的證據。

　　世界性議題日益複雜，唯有保有適應力並深思熟慮、記得過去傳承而來的重要可遷移經驗，以及運用概念性思維可以處理這樣的複雜性。接著我們即將進入第十章以結束本書。

CHAPTER

10

摘要與未來之路

在本書結尾，我們要回應撰寫的初衷：鼓勵課程與教學設計的改變以創造每個學生眼中閃耀的光芒——代表探究的心智，渴求問題、難題和議題解答的光芒；以及訴說「我熱愛學習！熱愛思考！」的光芒。

在最終章，讓我們把經線和緯線編織在一起，創造出一幅三維度概念為本的織錦，用以組織並深化讀者對前述篇章中所呈現觀念的理解。

課程與教學：經線

概念為本的課程有三個維度：運用事實性內容與技能為基礎，獲得穿透時間、跨越文化與情境遷移應用的概念，以及概念性理解。知識性結構與歷程性結構描繪出事實、技能／策略／歷程，以及相關概念之間的關係，進一步結合概念而形成概念性理解的陳述，亦即穿透時間、超越文化及（或）情境的通則與原理。每個學科都有概念性結構，而課程設計者的工作是提供教師清楚的架構，將學生需要**知道**、**理解**和**會做**什麼都編織在課程架構中。明確的概念為本架構可以協助教師設計課程單元以及日常課堂教學，以帶出優質的學習，同時又使教師能看到先前學習與後續學習的全貌。概念為本的架構提供了開啟學生心智的根基，幫助他們遠遠超越基本課程，通往認知與理解的浩瀚世界。

概念為本的教學既是藝術也是科學。科學面顯現於教師善用概念為本課程來促進學生思考與學習；藝術面則顯現於每位教師以獨特的方式設計學生的學習經驗。概念為本的教學需要擅於思考、清楚理解概念為本教學與學習的目標與宗旨的教師，以發揮威力強大的教學法。概念為本的教學必須改變傳統的教學模式。一般而言，概念為本的教學通常採行歸納取向：運用事實性、概念性與激發性／辯論性問題引導學生協同思考也偶爾獨自思考，以探

究有興趣、有意義及迫切的議題。教學並不止於習得事實性知識，而是要在深入的概念性理解中到達終點。針對學生需要**知道**、**理解**和**會做**什麼，教師運用形成性評量來調整教學並規劃差異化策略，為所有學生提供學習鷹架，幫助他們達成對學習表現的共同期望。

概念為本的學習：緯線

　　概念為本的課程與教學存在的理由在於促進優質的學習。教育「全人兒童」（whole child）包含許多需要兼顧的面向：社會與情緒的成長（social-emotional growth）、身體的發展與健康、正向的心理健康、自律、效能以及導向思考周延、負責任的終身學習者的其他眾多特質；本書在有限的篇幅中不可能充分處理所有的面向，但作者們支持全人兒童的發展則無庸置疑。本書專注於概念為本的課程、教學與學生學習，正因為我們堅信概念為本對學生學得好、會思考，以及教師教得好皆有重大的影響。

　　概念為本的學習在智識面與情感面吸引學生投入，在教學中教師重視學生的思考並讓學生的思考變得可見，課室中因而瀰漫著一股智識交流帶來的喧嘩興奮。學生瞭解到犯錯沒關係，因為我們都從犯錯中學習。再者，激勵學生成功的因素，莫過於讓學生在與人協作時得到善用腦筋又努力的肯定，以及自己是課堂學習社群中重要成員的感受。概念為本的課程、教學及學生學習恰如平滑編織的絲縷，共同創造出「重視每個學生為獨特個體、思考者與學習者」的一片教育織錦。

前進之途

我們的世界持續在改變，變成全球互動且相互依存的世界。職場需要在不同工作間遷移應用的技能，亦即二十一世紀所需的高階層次思考、問題解決以及溝通等技能。由於科技主導了大部分工作，因而運用科技必須兼具效率與效能，加上資訊儲存量正急速擴展，我們不可能繼續「像過去那樣辦教育」了。

本書作者相信，教育正處於令人興奮的十字路口。美國各州共同核心標準（CCSS）與全球漸增對概念性理解教學的關注，以及能讓全球各個角落的教育工作者協作並分享想法的各種令人驚奇的方式等，都只是未來無限可能性之中的幾個實例。

每個人都同意學校教育的使命之一是幫學生為人生做好準備。為了達成這個目標，課程需要反映出社會與環境的改變。正因如此，概念為本的課程與教學對教學與學習變得特別重要。現在我們可以用 Google 在幾秒鐘之內就搜尋到事實性資訊；因此，繼續浪費時間去記憶州名和首府，或任何可以輕易獲得的資訊都是拙劣的課堂時間運用。這並不是說我們需要徹底改變「教師教導學生」這個想法；相反的，是我們需要運用新的方法——層次更高的教學法和層次更高的學習——來教導學生。

概念為本的課程與教學、以深度理解為目標的教學，以及概念與概念性理解的遷移應用，此三者構成往後重要的教育議程，我們也需要培養不同文化間的理解，因為在浩瀚宇宙中我們的世界非常渺小。為了未來的居民，我們也需要透過全球合作以保有這個星球。以往只是單一國家的議題，現在常常演變成全球性議題。當有些人對教育的未來抱持一長串悲觀的預言時，本書作者認為不必然如此；如果每一個人都為確保學生達到本書所述的學習目

標而團結一致時，教育的世界會變得截然不同。當概念為本的課程成為一個系統的基石，它將定義預期的學習標準、教師該「教什麼」以及「如何教」、教育主管該如何領導、什麼是學生表現的重要證據、教師需要的專業發展等……換句話說，定義了內容與歷程結合的方式以產出更高的品質。

學校是複雜的系統。複雜理論告訴我們混亂中也有秩序，而複雜的系統則由高度相互依存的部分所組成。我們也瞭解複雜系統可能經由一個小規模但重要的改變（通稱為高槓桿）而導致徹底轉型。

當考慮教育一個孩子需要的所有交互關聯的構成要件時，採用概念為本的課程或許看來是個小改變，但基於本書所提出的所有理由，它卻是一個高槓桿的改變。此外，從傳統課程轉變成概念為本的課程會引發其他的高槓桿變化；例如，教育系統需要改變所提供的教師專業發展型態。本書作者已經目睹過書中表達的想法如何提供教師和學校領導人一個清楚又正向的模式；在這個模式中，他們得以免於不確定性這個困擾教育界的因素影響，可以過得自在又自信。在與世界各國教育工作者合作時，我們持續聽見他們的焦慮：覺得不知所以的偏離了正途，或教學與學習變得支離破碎。他們擔心的比較不是傳統的學校實務改變，而是要如何教出高品質的課程，以及和一個有勇氣與韌性的領導人共同制定課程。

人類經驗的共通性遠遠超越單一的學區與學校，而全球連結可能正是大規模運動的觸媒。對認可我們論述的價值，並在學校與課室裡實踐我們的論述以喚醒學生心靈與思維的教師們，我們要向你們致敬，因為概念為本的教學不只幫助專業教育工作者脫胎換骨，更足以轉化學生並促成他們未來的成就。

問題討論

❶ 當今世界與職場中的困境與難題,使人們日漸對困難的狀況採取整體視野——將其看成相互關聯的灰階光譜(spectrum of gray,譯按:意謂將困境與難題視為黑與白兩個端點之間由深而淺的灰階漸層),而不是距離遙遠的兩個極端。你怎麼看「概念為本的課程與教學有助於培養學生處理整體與相互關係,以及處理細節與部件的能力」?

❷ 為何有許多學生在完成至少十二年的義務教育離開學校時,能展示的學習表現如此貧乏?

❸ 針對你上一題的回答,如何才能打破那種循環?

❹ 你對教育的未來抱持什麼樣的願景?

資　源

概念為本的數學單元

概念為本的課程單元

年級：高中

單元數	1
標 題	方程式與方程組集錦
日 期	2013 年 4 月 13 日
作 者	美國北卡羅萊納州法耶特維爾市，卡梅拉·菲爾（Carmella Fair）

單元概述（以吸引人的摘要對學生說明單元內容）：
撰寫方程式可以模擬數量之間的關係。在真實生活中，資訊可以用來創造一個表示情境的方程式，例如比賽的票價或者銀行帳號中所得的利息。在這個單元中，學生會探索方程式及方程組的寫法和解法，同時運用推理來組織知識，以尋找真實情境中的可行解答。

科技融入（老師或學生需要使用哪些技能、需要具備多少知識，或對網路和工具的熟悉程度）：
運用數位錄影和攝影機。

運用投影軟體。

運用線上工具來輸入待解答的方程式或方程組。

運用網站來學習或回顧重要詞彙。

運用繪圖計算機來繪製方程式組。

在這個單元中，老師和學生需要具備使用數位錄影及攝影機錄影與回播的基本知識。師生也需要瞭解如何進入一個系統，並用繪圖計算機中的製圖功能來解決並分析方程組或不等式組。學生需要具備如何上網、如何進入老師提供的連結、如何根據教學指令來使用網站連結中的工具等操作知識。

本單元涵蓋的課綱標準（譯按：CCSS 係指美國各州共同核心標準）：

CCSS.Math.Content.HSA.CED.A.2　創建兩個或多個變數的方程式及不等式，利用它們來表示數量間的關係；在有標籤和刻度的座標軸上繪製方程式。

CCSS.Math.Content.HSA.CED.A.3　利用方程式或不等式，以及方程組及／或不等式組來表示限制條件，並且在模型條件中解釋可行或不可行的解答。**例如，描述營養與成本限制下，表達不同食物組合的不等式。**

CCSS.Math.Content.HSA.CED.A.4　重組公式來凸顯特定的數值，如同解方程式一樣運用相同的推理。**例如，重組歐姆定律（Ohm's law）中的 V+IR 以凸顯電阻（R）。**

CCSS.Math.Content.HSA.REI.A.1　從假設原方程式有解開始，延續前個步驟推斷的數值相等，說明解答簡單方程式的每個步驟，建構可行的論點來證明解題方法。

CCSS.Math.Content.HSA.REI.A.3　解單一變數的線性方程式和不等式，包括以字母表示的係數方程式。

CCSS.Math.Content.HSA.REI.A.6　解線性方程組的絕對解和近似解（例如，圖解），聚焦於二變數的聯立線性方程式。

數學演算標準：

CCSS.Math.Practice.MP1　理解問題並且堅持解決問題。

CCSS.Math.Practice.MP2　抽象而量化的進行推理。

CCSS.Math.Practice.MP3　建構可行論點並評析他人的推理。

CCSS.Math.Practice.MP4　運用數學來建構模型。

CCSS.Math.Practice.MP5　策略性運用合適的工具。

CCSS.Math.Practice.MP6　注意精準度。

年　　級　　高中

概念透鏡　　關係（Relationships）

支線 1：**量**

- 變數（Variable）
- 係數（Coefficient）
- 未知數（Unknown）
- 方程式（Equation）
- 線性方程式（Linear equation）
- 線性不等式（Linear inequality）

支線 2：**方程式與不等式**

- 單變數線性方程式（Linear equation in one variable）
- 單變數線性不等式（Linear inequality in one variable）
- 解答（Solution）

單元標題：

方程式與方程組集錦

支線 3：**圖**

- 座標軸（Coordinate Axes）
- 標籤（Labels）
- 相交（Intersection）
- 表（Table）
- 解答（Solution）

支線 4：**系統**

- 線性方程組（System of linear equations）
- 線性不等式組（System of linear inequalities）
- 二變數線性方程式（Linear equation in two variables）
- 二變數線性不等式（Linear inequality in two variables）
- 解答（Solution）
- 圖解法（Graphing method）
- 減法（Subtraction method）
- 代入法（Substitution method）
- 乘法（Multiplication method）
- 加法（Addition method）

年　　級　高中

單元標題　方程式與方程組集錦

通則	引導問題 （F＝事實性；C＝概念性；P＝激發性）
一或兩個變數的方程式表示數量之間的關係。	為什麼在方程式中使用變數？（F） 為什麼有時要用變數來代表係數？（C） 你如何解方程式？（F） 為什麼在情境中驗算方程式的解答很重要？（C）
未知數、條件（constraint）與它們之間的關係可以模擬一個系統。	什麼是條件？（F） 在一個關係中，條件的重要性為何？（C） 哪些類型的關係能用方程組來模擬？哪些用不等式組來模擬？（P）
表、圖、方程式可以呈現方程組。	表、圖、方程式彼此之間的關聯為何？（C） 線性方程式的圖形與線性不等式的圖形之間，有哪些相似性？（F） 圖形如何能表示一個方程式所有的解答？（F） 方程組或不等式組的最佳表示法是如何決定的？（C）
透過合適的方法，可以找出方程式與不等式的解答，以及方程組或不等式組的解答。	方程組的特徵有哪些？（F） 方程組或不等式組的最佳解法是如何決定的？（C） 什麼情境用不等式表達比用方程式表達更為合適？（C）
定量推理（quantitative reasoning）可以說明脈絡化情境中的關係。	什麼狀況下，解答在脈絡中可行？（C） 在日常生活中，如何使用推理？（P） 從方程式、不等式以及圖中做出預測的能力，如何影響真實世界的決定？（P） 如何使用推理對方程組或不等式組做出決定？（C） 為什麼在原有問題脈絡中評估所有解答很重要？（F）

關鍵內容與主要技能

關鍵內容 學生會知道什麼	主要技能 學生將能夠做什麼
・解方程式或不等式的步驟 ・多種呈現方程組或不等式組的方式 ・解方程組的不同方法	・建立描述數字或關係的方程式 ・以推理歷程解方程式 ・建立二變數的方程式與不等式 ・運用未知數、限制條件與其關係，來模擬一個方程組或不等式組 ・解二變數線性方程組 ・圖解方程式、不等式，或方程組與不等式組

年級　高中

建議的時程	建議的學習經驗	評量（建議性與必要的**）	差異化（支持學習與延伸學習）	資源
2-3 堂課 *註：此時程不包含個別學習。	**1. 解單變數線性方程式與不等式** 咖啡館老闆發現茶飲訂購量只有咖啡訂購量的 1/2。假如茶飲和咖啡的總訂購量為 138，找出茶的訂購量為何。確認你的訂購量目、設計解題的計畫、執行計畫，然後回頭檢查任何可能的解答。 • 訪談某個你認識的人、他曾經解決工作上的難題而促進公司營運。想出八個問題來蒐集關於工作的資訊、他們所解決的問題類型、他們如何解決問題，及如何溝通解決方案以獲得實踐。	**三分鐘晤談** 在學生研擬問題或完成問題研擬時，與每個學生晤談三分鐘，以便檢核理解程度和審視問題。 **學生在晤談中須記錄以下內容：** **自我評量：** • 優點： • 我需要繼續努力的地方： **老師的回饋：** • 學生的優點： • 學生需要繼續努力的地方： **我的後續計畫：** • 我還可以做什麼？ 我還可以從以下構想，然後老師的回饋（學生分享構想，然後老師的回應如前文「老師的回饋」）：	**重教課程** 視需求提供學生重教課程，包含解簡單方程式的模型和學生練習解題。示範包含兩個項目的簡單文字題，例如紙筆與鉛筆、熱狗和漢堡等。 **增加複雜度** 要求學生回答或完成以下問題： • 你的方程式中，變數是否代表咖啡或茶飲的訂購量？ • 改寫方程式、用原變數表示另一種飲料的訂購量，並解出方程式。 • 當你比較這兩個方程式、解答步驟和答案時，你注意到什麼？	

（續）

171

（續）

建議的時程	建議的學習經驗	評量 （建議性與必要的＊＊）	差異化 （支持學習與延伸學習）	資源
2-3 堂課 ＊註：此時程不包含個別學習。	・預備在指定課堂上扮演你的受訪對象。在角色扮演的過程時，穿著能夠呈現受訪者工作的服裝。準備至少五個關於工作和解決的問題的提示，不要告知其職業為何而讓同學有機會猜測。和全班討論這些資訊跟課堂上運用線性方程式和方程組解決的問題有何關聯，從工作內容中舉出實例。	**認識角色……** 在角色扮演活動中，幫學生準備一張紙，用以猜測同學扮演的職業。 <table><tr><td>報告學生</td><td>扮演職業</td></tr><tr><td>Tiny Timmee</td><td></td></tr><tr><td>Marlee Mouser</td><td></td></tr></table>	**訪談／角色扮演** 透過預錄錄音來示範訪談、用錄影來配合錄音示範角色扮演。教師可以在角色扮演課之前先蒐集職業清單，並提供給學生。學生表演時，同學可從職業清單上圈選。	
4-5 堂課 ＊註：此時程不包含個別學習。	**2. 撰寫和解答二變數的方程組** 你和一個朋友各自願幫班上買披薩當午餐，當你拿收據回來後，同學們會一起均分費用。你付了 58 美元買三個中型披薩和四份雞翅，你朋友付了 61 美元買四個	**前測卷** 課堂開始前，先讓學生解一道線性方程式，並且比較解跟線性方程式與解決問題作中或個人生活中問題的異同。	**獲取關鍵術語的定義和示例** 利用線上網站如 algebralab.org 來幫學生回顧學習經驗（方程組、變數、方程式、係數、解答等）中呈現的術語和概念的定義。	algebralab.org

（續）

建議的時程	建議的學習經驗	評量 （建議性與必要的**）	差異化 （支持學習與延伸學習）	資源
4-5 堂課 *註：此時程不包含個別學習。	中型披薩和三份雞翅。 1）一個中型披薩和一份雞翅的費用各是多少錢？ 2）如果班上只需要五個中型披薩和六份雞翅，你和朋友總共要付多少錢？ 3）解決披薩問題後，研究三家本地披薩店的披薩和雞翅價格。假設學校將要辦一場舞會，你要為參加舞會的 400 人提供食物。身為高年級班聯會主席，你必須向學校行政人員說明以獲得舞會食物經費： a. 準備一份包含你研究的資訊的投影片以申請經費。	**檢核表** 收回前測卷作為學生學習的證據，並在檢核表上記錄學生是否瞭解如何解線性方程式、是否懂得解方程式與工作或個人生活問題的關係。 （檢核表） 學生姓名 / 會解線性方程式 / 懂得解方程式與解決問題的關係 Molly Green Stephen Lea	**利用線上資源促進學生的理解** 利用線上網站如 quickmath.com 來幫助學生。當學生輸入方程式或方程按鈕後，學生點選解答按鈕後，他們能看見方程式及個人解答。 老師需要提供幾個學生能夠手算解答的例子，再運用線上資源來看答案。	quickmath.com

（續）

建議的時程	建議的學習經驗	評量（建議性與必要的**）	差異化（支持學習與延伸學習）	資源
4-5堂課 *註：此時程不包含個別學習。	b. 你會買哪種尺寸的披薩呢？為什麼？你要買幾個披薩和幾份雞翅，需付多少錢？哪家披薩店的價格最優惠？在不同的披薩店你各需要付多少錢？ c. 在投影片中呈現出各家披薩店的價格，以便說明你所找的店家提供了最優惠的價格。	**在小組中解題** 三人一組，學生發展用方程組可以解決的問題並達成共識，向全班發表問題和解決方法。學生可以採用廣播劇、影片、電視廣告、摺頁或手冊、或其他任何老師同意的呈現方法。 **總結性評量** 準備總結性評量，針對撰寫與解答二變數方程組，蒐集與學生學習進展的資料。		
3-4堂課 *註：此時程不包含個別學習。	3. **運用合適的方法找到方程組或不等式組的解答** **時鐘夥伴** 在進入下列學習經驗前，提供學生一張畫有十二個時鐘的學習單，在十二個數字旁畫出水平延伸	**總結性評量** 提供二或三個測試題來檢測學生對解方程組或不等式組的理解。	提供學生可以選擇的方程組與不等式，其複雜程度不等，包含提供的情境資訊。分成四人一組，選擇一個方程組，一個不等式組。其中兩人檢視方程式，另外兩人檢視不等式以決定：	時鐘夥伴例子 Sciencenotebooking. blogspot.com/2009/08/ clock-partners-file- download.html www.readingquest.org/ pdf/clock_buddies.pdf

建議的時程	建議的學習經驗	評量 （建議性與必要的**）	差異化 （支持學習與延伸學習）	資源
3-4 堂課 *註：此時程不包含個別學習。	線，讓學生找到十點鐘方向與五點鐘方向上的夥伴，並在夥伴的鐘面對應線上寫下自己的姓名，指示學生與時鐘夥伴一起進入下方放述的經驗。時鐘夥伴學習單可從參考網站找到以供作參考。 **模擬方程組或不等式組的情境** a. 從課堂或網路資源中，找出每種解出方程組或不等式組方法的例子，在卡片正面寫下方程式，背後寫下回答。 b. 與十點鐘夥伴交換卡片，每位夥伴要解出對方卡片上的一道方程式，並討論解方程式的步驟。		・你能夠用加法和減法來求解嗎？ ・你能夠用乘法來求解嗎？ ・你能夠用代入法來求解嗎？ ・解出方程組與不等式組的答案；繪圖並說明你在圖中注意到什麼。 學生在小組中討論問題並自製圖表，說明什麼時候要用哪個方法來解題。各組將表格張貼出來。	網路可列印繪圖紙 http://incompetech.com/graphpaper/ 線上繪圖計算機 https://www.desmos.com/calculator

（續）

（續）

建議的時程	建議的學習經驗	評量（建議性與必要的**）	差異化（支持學習與延伸學習）	資源
3-4 堂課 *註：此時程不包含個別學習。	c. 為夥伴寫出真實世界中可以用方程式呈現的情況，或者數位媒體、雜誌、利用報紙、來找尋真實世界中顯示線性方程式的其他情況。把這些問題放到 Google 雲端文件讓同學和老師瀏覽與回饋。 d. 每位夥伴要寫為一小段理由來證明解答方法，並說明個人想法與卡片上的方程式有何關聯。 e. 在日誌上回應以下問題： 4x－3y≥12 與 4x－3y=12 的圖形相似嗎？哪裡不同？ f. 與十點鐘夥伴共同設計一道問題。			

建議的時程	建議的學習經驗	評量 (建議性與必要的**)	差異化 (支持學習與延伸學習)	資源
3-4 堂課 *註:此時程不包含個別學習。	**定義一個真實情境作為方程組的模型** a. 設計海報運用文字及代數形式說明模式,解出方程組並提供書面解題說明。 b. 找出商業、教育、政府等情境中至少兩種類似模型的例子,在 A4 紙上說明模型。在教室指定的牆面或三折板上張貼海報和書面模型。將解答摺好放在信封中,貼在海報上。 c. 海報和書面模式張貼好後,所有學生都去瀏覽展示牆(gallery walk)。依據教師所提供,如何產出設計與發展專題的基準,學生用便利貼對每個展示下寫下描述性回饋。	**總結性評量** 安排時間進行總結性評量,題目混合了運算型題目以及開放性題目,以檢測學生對解答方程組與不等式的理解程度。		

單元終點評量

什麼（**What**－單元的焦點）？

探索**方程式書寫與方程組解題**，以尋求問題的合理解答。

為什麼（**Why**－主要的通則）？

學生將瞭解定量推理可以說明數量的意義，以及脈絡化情境中數量之間的關係。

如何（**How**－吸引學生投入的情境 / 任務）？

你原有的手機合約已經到期，當你發現可以把手機號碼轉到另一家公司時，你決定**研究**目前手機業者（A 公司）與其他公司的**資費方案**，研究結果顯示目前業者（A 公司）和另一家業者（B 公司）較有優勢。

A 公司每個月收取 60 美元月費，以及每分鐘 20 美分通話費；B 公司不收月費，但每分鐘收費 50 美分。

選擇最佳方案：

a. 寫下代表這兩個資費方案的方程式，解釋各方程式的意義。

b. 用方程式組來決定多少分鐘後兩家公司的費用將會相同。**用繪圖計算機畫出方程組**以釐清結果。兩家公司費用相同時，通話時間與費用各為多少？

c. 哪一個方案比較划算？解釋此方案比較好的理由。

兩人一組，研究至少三個手機資費方案，考量語音通話、數據和簡訊等選項。哪個方案最優惠？解釋為什麼你會這樣想？**寫下獲選方案最優惠的理由。設計一支電視廣告**來推銷這個最佳方案，在廣告中，提供圖表比較三個方案，並運用調查中獲得的其他資訊來說服觀眾，廣告推薦的方案是最好的。

評分說明

任務：方程組

內容：	可能的分數	學生自評	教師評量
各方程式正確表達每個資費方案的費用，並附有解釋說明。	4		
寫出方程組並解題。	2		
指出資費方案費用相等時，費用與通話分鐘各為若干。	2		
找出最優惠方案，並寫出選擇的理由。	2		
電視廣告呈現，包括：	5		
・用圖表比較至少三種手機資費方案			
・更多詳細說明以支持獲選的最佳方案			
歷程：			
運用適切的方法解題	1		
電視廣告能吸引觀眾	1		
三種手機資費方案的研究證據	1		
對完成專題有重大及充分的貢獻	2		
	100		

（左側標示：**標準**）

評分代號　A＝　　　　B＝　　　　C＝　　　　I＝

來源：資源 A 由北卡羅萊納州法耶特維爾市，卡梅拉・菲爾提供。

資源 B

概念為本的自然科學單元

概念為本的課程單元

年級：五年級

單元	自然科學
標題	在生物圈中生活的生物
日期	2013 年 3 月 25 日
作者	美國愛達荷州波以西市，譚雅・埃爾默（Tanya Elmer）

單元概述（以吸引人的摘要對學生說明單元內容）：
生物圈是指生物生活的地表與氣候區域。你知道生物會以特殊的方式互動，而且需要彼此才能存活嗎？在這個單元中，我們將探索生態系統的生命與非生命特徵，以及生物彼此交互作用的類型。我們也會檢視人類的行為如何形塑環境。

科技融入（老師或學生需要使用哪些技能、需要具備多少知識，或對網路和工具的熟悉程度）：
學生需要有連接網路及網路瀏覽的能力，也需要能夠使用電腦編排軟體來設計海報，要用文書處理軟體來打報告；如果需要，學生也可以用 Excel 來製作科學實驗產出的圖表，可能也要使用電腦教室來完成實作評量的研究計畫。

本單元涵蓋的課綱標準：
CCSS.ELA-Literacy.W.5.1, CCSS.ELA-Literacy.W.5.2, CCSS.ELA-Literacy.W.5.3, CCSS.ELA-Literacy.RI.5.3，愛達荷州科學標準 Goal 1.1 5.S.1.1.1, Goal 1.2 5.S.1.2.1, Goal 1.3 5.S.1.3.1, Goal 1.6 5.S.1.6.2 及 5.S.1.6.3 及 5.S.1.6.7, Goal 1.8 5.S.1.8.1; Standard 3 Goal 3.2 5.S.3.2.1; Standard 5 Goal 5.1 5.S.S.11, Goal 5.3 5.W.5.3.1，以及美國「新世代科學標準科學實作標準」。

年　　級　　五年級

概念透鏡　　交互作用（Interactions）

支線 1：**生態系統中的相互依存**

· 共生（Symbiosis）
· 互利互生（Mutualism）
· 偏利共存（Commensalism）
· 寄生（Parasitism）
· 競爭（Competition）

支線 2：**生態系統的特徵**

· 非生物 / 生物（Abiotic / Biotic）
· 群落（Communities）
· 族群（Populations）
· 生物（Organisms）
· 棲位（Niche）
· 適應（Adaptation）

單元標題：

在生物圈中生活的生物

支線 3：**生態系統中的能量與資源轉換**

· 生產者（Producer）
· 消費者（Consumer）
· 分解者（Decomposer）
· 光合作用（Photosynthesis）
· 食物鏈（Food Chain）
· 食物網（Food Web）
· 碳、氮、水循環（Carbon, Nitrogen, Water Cycles）

支線 4：**生態系統的挑戰**

· 汙染（Pollution）
· 可再生資源（Renewable Resource）
· 回收（Recycling）
· 生態足跡（Ecological Footprint）
· 承載能力（Carrying Capacity）

年　　級　五年級

單元標題　在生物圈中生活的生物

通則	引導問題 （F＝事實性；C＝概念性；P＝激發性）
1. 生物在群落中生活並與其他族群互動。	a. 什麼是生物的群落？（F） b. 什麼是生物的族群？（F） c. 生物群系（biome）的特徵有哪些？（F） d. 生態系統中的生物因素是什麼？（F） e. 生物如何與生態系統中的非生物因素互動？（C） f. 為什麼許多群落生存在特定的生態系統中？（C） g. 棲地必須具備哪些特性，才適合生物生存？（C） h. 當一個生物族群突然被迫離開其生態系統時，會發生什麼事？（P）
2. 生態系統中，無論是自然或人為的改變都有可能抑制某種生物與其他生物互動的能力。	a. 生態系統中發生自然改變的例子為何？（F） b. 生態系統中發生人為改變的例子為何？（F） c. 在變遷的環境中，生物會進行哪些種類的適應？（F） d. 在墨西哥灣鑽油平臺爆炸漏油事件中，為什麼有那麼多的鳥類死亡？（F） e. 新社區開發建設會如何影響生態系統中的生物？（C） f. 天災會如何影響生態系統的平衡？（C） g. 適應如何增進了生物的存活率？（C） h. 在一個生態系統中，各種生物的需求都一樣嗎？請說明。（P） i. 生態系統中所有的生物族群都能夠存活，才算是健康的環境嗎？（P）
3. 生物依賴生態系統中的其他生物以及非生物資源，以滿足各自的基本需求。	a. 食物鏈中顯示出哪些關係類型？（F） b. 食物網顯示出什麼？（F） c. 環境中的能量從何而來？（F） d. 在生態系統的能量轉換過程中，消費者扮演什麼角色？（F） e. 在生態系統的能量轉換過程中，生產者扮演什麼角色？（F） f. 在食物鏈中能量如何轉換？（C） g. 在食物鏈中，為什麼分解者非常重要？（C） h. 所有的食物鏈如何相似？（C） i. 就生物的存活而言，水、氮、碳循環扮演什麼角色？（C） j. 如果食物鏈中的一部分被移除，其他部分還能存活嗎？（P） k. 生物族群能夠不依賴來自太陽的能量而存活嗎？請說明。（P）

通則	引導問題 （F＝事實性；C＝概念性；P＝激發性）
4. 透過生物族群間的交互作用，生態系統維持平衡。	a. 生物必須在環境中爭取哪些資源？（F） b. 什麼是共生關係？（F） c. 隨著時間推移，寄生物會對宿主造成什麼影響？（F） d. 在生態系統中，各族群如何相互競爭？（C） e. 在互惠關係中，生物如何交互作用？（C） f. 寄生物如何從寄生生活中得到好處？（C） g. 人類與環境中的其他生物有什麼關係？（C） h. 群落中各種生物間的哪一種關係，對環境最為有益？（P） i. 共生關係為什麼對其中的生物有利？（P）
5. 生態系統中的資源類型及總量，決定了生存其中的生物類型。	a. 生態系統中的哪些生命或非生命特徵被當成資源？（F） b. 什麼決定了棲地的承載能力？（F） c. 在生態系統中生存的族群數量與種類受限於哪些因素？（F） d. 生物需要哪些非生命資源才能夠存活？（F） e. 生物如何從它們的生態系統中獲取資源？（C） f. 如果太多生物住在同一個地區，對該生態系統的資源數量會造成什麼影響？（C） g. 如果棲地的資源不足，生物可能會做出什麼改變？（C） h. 環境中的資源如何可以被回收？（C） i. 所有的資源都可以被回收嗎？請說明原因？（F） j. 為了在特定的生態系統中生存，生物可能改變它需要的資源類型嗎？（F）
6. 人類活動可能改變生態系統的平衡，因而造成對自己及其他生物的益處或者損害。	a. 哪些事項會汙染環境？（F） b. 再生資源的特徵有哪些？（F） c. 什麼是生態足跡？（F） d. 人類如何在環境中回收資源？（C） e. 人們的行為已經如何對環境發揮正面影響？（C） f. 人們採取哪些步驟以減少環境中的汙染量？（C） g. 個人使用資源的方式與生態足跡有何關聯？（C） h. 回收環境中的資源是人類的責任嗎？（P） i. 假如人類不在乎環境中的資源，後果將會如何？（P） j. 可以說人類對環境造成的所有改變，都會對其他生物造成傷害嗎？（P）

關鍵內容與主要技能

關鍵內容 學生會知道什麼	主要技能 學生將能夠做什麼
a. 生態系統由哪些生命與非生命的生理特徵所組成。 b. 植物如何製造自己的食物。 c. 主要詞彙：非生物、適應、草原、生物多樣性、棲地、生物群系、草食動物、生物圈、互利共生、生物、棲位、肉食動物、雜食動物、偏利共存、寄生、群落、光合作用、競爭、族群、消費者、掠食者、獵物、分解者、生產者、清除者、生態、共生、生態系統、食物鏈、食物網、可再生、資源、承載能力、限制因子、生態足跡。 d. 在食物鏈與食物網中，生產者、消費者與分解者之間的關係。 e. 生態系統中自然或人為的改變，如何影響生物間互動的能力。 f. 生物群系的特徵。 g. 生態系統中的能量，如何在食物鏈中從一種生物流動到另一種生物。 h. 生態系統中的資源如何被區分為可再生或非再生；而某些非再生資源則可以回收利用。 i. 為什麼生態系統有特定的承載能力且只能支持一定數量的生物。 j. 人類行為如何對環境產生正面或負面的後果。 k. 生物如何適應棲地的條件得以存活。 l. 一個生物群落的存活和大小如何受限於生態系統的非生命和生命特徵。 m. 生物間交互作用的類型，以及如何按照對每種生物之因果關係分類。	a. 設計並實施科學調查。 b. 溝通科學的程序與解釋。 c. 預測一個系統內，當一個或多個次系統中部分遭到破壞或消失時會發生的狀況。 d. 找出科學調查中提出的問題。 e. 就既有研究問題規劃合適的調查。 f. 與其他學生協力合作以完成實驗、選擇合適的工具，並且在使用實驗室設備和材料時展現謹慎愛惜。 g. 使用合適的單位、表格和圖形，以搜集、記錄並整理資料。 h. 經由科學調查產出結論，並且提供相應證據。 i. 運用表格、圖形或其他視覺工具正確而有意義的呈現資料，以展示調查的發現。 j. 使用符合年級程度的統計分析方法，以分析圖表、表格和圖形中的資料。 k. CCSS.ELA-Literacy.W.5.1　書寫對主題或文本的觀點論述，提供理由和訊息以支持觀點。 l. CCSS.ELA-Literacy.W.5.2　書寫訊息性/解釋性文章，以檢視主題並清楚地表達想法及資訊。 m. CCSS.ELA-Literacy.W.5.3　運用有效的技巧、描述性細節和清楚的事件順序書寫敘事，以發展真實或想像的經驗或事件。 n. CCSS.ELA-Literacy.RI.5.3　依據特定的文本資訊，解釋兩個或多個歷史、科學或科技文本中，個體、事件、想法或概念間的關係或交互作用。

年　級　　五年級

建議的 時程	建議的學習經驗	評量 （建議性與必要的**）	差異化 （支持學習與延伸學習）	資源
30 分鐘	設計概念網絡來描述生態系統中不同的生物和非生物特徵，以及各種特徵與生物群落存活的關聯。	提供規準作為評量概念網絡的工具。	學生可以創作自己的網絡或使用預先準備的網絡。	提供學生預先準備的資料組織圖或紙張
45 分鐘	進行北瀑布（North Cascade）國家公園的網路田野調查（http://www.electronicfieldtrip.org/cascades/），觀察國家公園的不同特徵與不同生物族群之間的關係，完成取材自 http://sciencespot.net/Media/Cascades_WebWkst.pdf 的回顧學習單。	確認學習單的完成度與正確度。	為特殊教育學生準備簡化版的學習單	借用電腦教室並提供學習單
1.5 小時	完成 WILD 專題中「喔！鹿啊！」（Oh Deer。譯按：取其英語諧音為 Oh Dear。喔！親愛的）這個實驗活動（http://www.projectwild.org/documents/ohdeer.pdf），看看動物族群如何在維持自然系統的平衡中持續改變。完成活動後，學生要製作一張圖表來記錄每回合結束後的鹿群數量，並且回答活動問題。	用規準來評量圖表，讓全班討論回應問題（形成性評量）。		戶外空間、活動掛圖及書寫文具

（續）

185

（續）

建議的時程	建議的學習經驗	評量（建議性與必要的**）	差異化（支持學習與延伸學習）	資源
2 日——1 日客座講者 (1 小時)，1 日在電腦教室設計廣告	完成 WILD 專題中的「哪個接位」活動，設計一個廣告，彰顯生態系統特定棲位中各種生物的特別角色，以招募該棲位的人員。http://www.yorkcenterforwildlife.org/pdfs/Ed_4th%20and%20up_which%20niche.pdf	活動完成後，運用班上學生發展出來的規準來評量廣告，讓學生討論有效廣告的特徵。		提供活動單、借用電腦教室、提供紙張及美術材料
1 小時	完成動物適應網站（http://sciencenetlinks.com/lessons/animal-adaptations/）附帶的動物適應陪護習單。觀察生物為更適應生態系統以生存下去而做的改變方式。	檢查學習單是否完成。	提供形式較簡單的學習單，供落後掙扎的學生填寫。	借用電腦教室，供學習單
1 小時	製作一張至少包含三個食物鏈的食物網海報。運用箭頭來顯示食物鏈中生物間的關係，並解釋生物如何相互依賴以滿足其基本需求。	檢查海報的正確性。運用三星一願望（3 Stars and a Wish）等形成性評量技巧對學生作業提供形成性回饋。	在多元能力的學生群體中兩兩配對。	美術材料
15 分鐘講述，30 分鐘遊戲，20 分鐘提問，15 分鐘課堂討論	完成改編自 WILD 專題中的「好夥伴」活動（http://sciencespot.net/Media/GoodBuddies.pdf），以檢驗生物族群的交互作用如何幫助生態系統保持平衡。	從實驗蒐集完整的數據表，就活動後問題進行課堂討論。	在多元能力的學生群體中可以兩兩配對。	遊戲牌卡、數據表紙和活動後問題

建議的時程	建議的學習經驗	評量（建議性與必要的**）	差異化（支持學習與延伸學習）	資源
1小時	分析歷年生態系統中掠食者與獵物族群的數量數據，並建構線形圖呈現。從圖表中得出關於獵食物數量下降的原因，然後向認為減少掠食者族群可能導致獵物增加的小組委員會成員撰寫書面回覆，說明你是否支持或拒絕降低族群數量的建議。運用數據和圖表獲得的資訊來解釋你的決定。http://pals.sri.com/tasks/5-8/ME406/	運用兩部分評量量規以評估學生的圖表和書面回覆，該規準必須扣合CCSS。	在多元能力的學生群體中可以兩兩配對，及/或為有特殊需求的學生提供搭配問題的完成圖。	族群數量數據和製圖紙，有需要可以借用電腦教室
1小時完成實驗和問題，20分鐘課堂討論	完成WILD專題中「鴨子背上不滴水」實驗活動（http://www.projectwild.org/documents/NoWaterOffaDucksBack.pdf）。觀察無論是自然或人為的生態系統變化，都可能抑制生物的存活能力。	要求每個實驗小組匯報實驗結果，然後就活動搭配的延伸問題進行課堂討論。	在多元能力的學生群體中可以兩兩配對。	食用油、淺容器、滴管、手持濾鏡、羽毛（天然）、液態洗滌劑（洗碗精：水＝1：100）、白煮蛋
3天時間閱讀，30分鐘完成資料組織圖	閱讀呈現人類選擇與環境健康間關係的《羅雷司》（The Lorax）一書後，完成呈現因果關係的資料組織圖。		允許學生選擇想運用的資料組織圖樣式（例如，因果示意圖或概念網絡）。	學生完成資料組織圖所需的紙張，以及《羅雷司》書籍

（續）

建議的 時程	建議的學習經驗	評量 （建議性與必要的**）	差異化 （支持學習與延伸學習）	資源
20分鐘設計流程，40至60分鐘完成實驗。1小時完成圖形並在電腦教室寫完報告。	設計實驗並蒐集數據來判定四種吸油產品中，哪一種最能清理漏油。顯示人類活動如何改變生態系統平衡，對自身和其他生物有所幫助或造成損害。實驗結果應以圖形或表格顯示。http://pals.sri.com/tasks/5-8/OilSpil/	學生將完成基本實驗報告，說明所選流程，討論實驗結果並分析數據。本實驗報告將包括數據表和圖表。實驗報告將依數據規準評分。	在教師的指導下，學生可以設計自己的實驗流程。	學生回應表、用於水／油混合物的四艘塑膠船、羽毛、海綿、長條紗布、一袋保麗龍塊、四個保麗龍杯、裝有約950毫升水／油混合物（3：1）的塑膠容器、一卷紙巾、一個250毫升燒杯

▤ 單元終點評量

什麼：調查（主題）……

生態系統的非生物和生物特徵，以及生活於生態系統中生物族群之間的關係。

為什麼：（通則）

為了瞭解生態系統中包括居住在群落中的生物與其他族群。

如何：（真實表現）

你是自然歷史博物館的館長，為紀念地球日而決定展示地球上的不同生態系統。你的工作是要為博物館策劃一個教育大眾特定生態系統的展覽，包括生態系統的仿真立體模型或比例模型，並標記所有重要特徵，包括該地區的非生物因子、動植物族群類型和在該地生存的群落，以及這些生物如何相互依存以求生，並且納入引起觀眾興趣的其他事實。博物館希望你能向市長與其他貴賓做一次特別簡報，總結你設計展覽時所做的生態系統研究。利用科技或多媒體來準備對市府官員們簡報。

▤ 評分說明

任務：在生物圈中生活的生物

內容：	可能的分數	學生自評	教師評量
● 展覽完整而且正確。			
・展示的所有部分都已完成並標記。			
・生態系統的所有非生物和生物特徵都已正確呈現。			
・展覽清楚地顯示生態系統中生物、族群和群落的關係。			
● 向市府官員的簡報深入完整。			
・該簡報反應正確的研究並說明展示中最重要的部分。			

歷程：			
● 展示整齊有序。			
・清楚的描繪資訊。			
・有效的運用空間展示。			
・明顯的看出關係。			
● 展示具有視覺吸引力。			
・有創意的設計。			
・外觀整潔。			

	可能的分數	學生自評	教師評量
● 簡報流暢而有效。			
・經過妥善排練。			
・有趣而吸引觀眾。			

評分代號　　　　　　　　　　　　　　　　　　　　　**100**

A＝95-100　　　　B＝88-94　　　　C＝80-87　　　　I＝低於 80

其他評量：差異化學習單、入場券與出場券（形成性評量）、摺頁字彙本

　　　　　（vocabulary book Foldables©）、小考與測驗。

參考資源：

http://scimathmn.org/stemtc/frameworks/5441-humans-change-environments

http://www.seattleschools.org/modules/groups/homepagefiles/cms/1583136/File/

Departmental%20Content/instructional%20services/science/Unit%20Standards/EUS.pd

f?sessionid=9943ca0a5731bd7833710fda9b0455e1（網頁已失效）

http://www.edison.k12.nj.us/cms/lib2/NJ01001623/Centricity/Domain/52/

Curriculum%20Guides/Elementary%20Curriculum%20Guides/Science%20-%20

Grade%205.pdf（網頁已失效）

http://www.livebinders.com/play/play?id=393767

http://www.connally.org/Page/2799（網頁已失效）

http://www.docstoc.com/docs/82231995/Ecosystems-Unit-Plan-4th（網頁已失效）

http://www.cotf.edu/ete/modules/msese/earthsysflr/summary.html

http://sciencenetlinks.com/lessons/animal-adaptations/

http://www.projectwild.org/documents/NoWaterOffaDucksBack.pdf

http://www.beaconlearningcenter.com/documents/313_01.pdf

http://www.beaconlearningcenter.com/Lessons/313.htm

http://sciencespot.net/Media/Cascades_WebWkst.pdf

http://www.projectwild.org/documents/ProjectWILD.pdf

http://www.projectwild.org/documents/ohdeer.pdf

http://gfp.sd.gov/outdoor-learning/docs/HowManyLionsCanLiveInThisForest.pdf（網頁已失效）

http://bbowers05.edublogs.org/ecosystem-projects/

http://sciencespot.net/Media/GoodBuddies.pdf（網頁已失效）

http://pals.sri.com/tasks/5-8/ME406/

http://www.yorkcenterforwildlife.org/pdfs/Ed_4th%20and%20up_which%20niche.pdf（網頁已失效）

K-12 科學教育架構：實作、跨科概念與核心想法（A Framework for K-12 Science Education: Practices, Crosscutting Concepts, and Core Ideas, 2012）

Board on Science Education （BOSE）

http://www.corestandards.org/

http://www.sde.idaho.gov/site/content_standards/science_standards.htm（網頁已失效）

教師筆記：

概念為本的藝術單元

概念為本的課程單元 — K-5 藝術課程

年級：小學三年級

單元數 1

標　題 羅梅爾·比爾登（Romare Bearden）：以藝術家為師

作　者 美國康乃迪克州西哈特福鎮西哈特福公立學校，凱倫·李斯特（Karen List）博士

羅梅爾·比爾登作品「街區」（The Block）

"The Block" by Romare Bearden. Art © Romare Bearden Foundation/Licensed by VAGA, New York, NY

單元概述（以吸引人的摘要對學生説明單元內容）：
你已經學過藝術家如何使用顏色和形式來創作圖畫，你曾經好奇過藝術家如何幫助我們瞭解歷史中的人物與地點嗎？你能夠想像用形狀、圖畫、肌理及顏色來講述鄰里或家鄉的故事嗎？你好奇在圖畫中如何表現東西的遠近嗎？完成這個單元後，你會瞭解文化與人們如何影響藝術家，也會使用藝術技法來表現景深，人們看著你的作品，就能夠從這幅鄰里畫作中知道哪些東西近、哪些東西遠，而且驚嘆你如何能夠創造那樣的效果！

193

科技融入（老師或學生需要使用哪些技能、需要具備多少知識，或對網路和工具的熟悉程度）：

需要能夠進入網站 http://www.metmuseum.org/metmedia/interactives/art-trek/romare-bearden-lets-walk-the-block（網頁已失效），並準備聲音播放設備。

本單元涵蓋的課綱標準：

參閱第 197 頁「主要技能」部分。

"The Block" by Romare Bearden. Art © Romare Bearden Foundation/Licensed by VAGA, New York, NY

進入下列連結以觀賞這幅令人驚嘆的全彩畫作並參與街區導覽：

http://www.metmuseum.org/content/interactives/the_block/guide.html（網頁已失效）

年　　級　　三年級

概念透鏡　　文化詮釋（Cultural Interpretation）

支線 1：**瞭解藝術**
（Understanding Art）

· 混合媒材（Mixed-media）
· 形狀、顏色與肌理（Shapes, color, and texture）
· 主題與想法（Subject matter and ideas）
· 意義（Meaning）
· 藝術史（Art history）
· 文化的目的與意義（Cultural purposes and meanings）
· 歷史的重要性（Historical significance）
· 都市景觀（Cityscape）
· 關係（Relationships）

支線 2：**反應藝術**
（Responding to Art）

· 溝通想法、感受、經驗與故事（Communication of ideas, feelings, experiences, and stories）
· 反思（Reflection）
· 個人的反應 / 連結（Personal responses / connections）
· 文化表達（Cultural expression）

單元標題：
**羅梅爾 · 比爾登：
以藝術家為師**

支線 3：**生成藝術**
（Producing Art）

· 拼貼藝術（黏著性的混合媒材，包括平面或立體的撕、剪與黏）〔Collage (adhesive mixed media including tearing, cutting and adhering in 2-D or 3-D)〕
· 設計（Design）
· 都市景觀（Cityscape）
· 肌理（Texture）
· 比例（Proportion）
· 前景與背景（Foreground and background）

支線 4：**評析藝術**
（Critiquing Art）

· 改善的想法（Ideas for improvements）
· （基於基準的）藝術作品品質〔Quality of artwork (based on criteria)〕
· 原創性（Originality）

年　　級　三年級

單元標題　羅梅爾・比爾登：以藝術家為師

通則	引導問題 （F＝事實性；C＝概念性；P＝激發性）
1. 藝術家透過他們獨特的技法和創意以溝通想法。	1a. 羅梅爾・比爾登運用了哪些藝術技法？（F） 1b. 你認為羅梅爾・比爾登想要溝通的想法有哪些？（F） 1c. 藝術家如何在作品中溝通想法？（C） 1d. 在一件藝術品中，人們發現的想法總會相同嗎？請說明原因。（P） 1e. 深入認識藝術家如何能幫助人們改進自己的藝術創作？（C）
2. 藝術作品反映出一個時期的文化。	2a. 什麼是文化？什麼是時期？（F） 2b. 你對羅梅爾・比爾登創作的文化與時期有什麼認識？（F） 2c. 藝術作品如何能夠反映一位藝術家的文化？（C） 2d. 文化總是會影響藝術家嗎？請說明原因。（P） 2e. 知道藝術家創作時的文化重要嗎？請說明原因。（C）
3. 某些藝術創作技法運用不同種類與部分的材料，以創造統合的整體。	3a. 什麼是拼貼藝術／混合媒材？（F） 3b. 為什麼有些藝術家運用不同肌理和素材進行藝術創作？（C） 3c. 羅梅爾・比爾登如何使用混合媒材來創作藝術作品？（F） 3d. 形狀、顏色、肌理之間的關係為何很重要？（C） 3e. 比爾登的作品之所以有名，是因為他所使用的混合媒材，還是他所描繪的圖像？（P）
4. 比例賦予圖像景深。	4a. 什麼是比例？什麼是景深？（F） 4b. 如何運用混合媒材來創造景深？（F） 4c. 為什麼在藝術創作中，塑造景深的能力很重要？（C） 4d. 比爾登在作品「街區」中如何展現景深？（F）
5. 運用基準評鑑藝術改善了藝術產出的品質。	5a. 評鑑拼貼作品品質的基準有哪些？（F） 5b. 運用標準（或基準）會如何改善藝術產品的品質？（C） 5c. 研究一位藝術家的技法和文化影響，會幫助你產出藝術嗎？請說明原因。（P）

關鍵內容與主要技能

關鍵內容 學生會知道什麼	主要技能 學生將能夠做什麼 （視覺藝術標準取材自康乃狄克州課程架構 以及華盛頓州藝術學習標準）
瞭解藝術 ・藝術家羅梅爾・比爾登 ・運用拼貼藝術／混合媒材創造深度的技巧 ・形狀、顏色與肌理的關係 ・文化與歷史的影響 ・用語 —— 比例、景深、前景、背景、設計、肌理、混合媒材、拼貼藝術、哈林區、爵士樂、都市景觀	**瞭解藝術** ・1.a. 區分多種媒材、技法、歷程 ・1.b. 描述不同的媒材、技法、歷程如何造成不同的效果和個人反應 ・4.a. 辨識視覺藝術具有歷史和不同文化的目的和意義 ・4.b. 能夠辨認特定藝術作品屬於某種風格、文化、時代和地區
反應藝術 ・「街區」一圖講述的故事 ・文化和歷史的影響	**反應藝術** ・3.a. 討論藝術內容的多種來源 ・6.e. 辨識並確認視覺藝術作品是由身處不同文化、時代、地區的工匠和藝術家所產出 ・2.3. 能夠積極而有目的的吸引感官以感知藝術品 ・2.3. 描述看見什麼、感覺到什麼（感知／體驗） ・2.3. 分析元素、原則、基礎、技巧、技法的運用與組合 ・2.3. 以個人經驗與知識為基礎詮釋意義
評析藝術 ・評鑑藝術的標準／基準 ・藝術家作為導師，與藝術產出之間的關係 ・團體評析的行為	**評析藝術** ・5.a. 辨別創作藝術作品的多種目的 ・5.b. 運用視覺藝術的術語描述藝術作品的視覺特徵 ・5.c. 認識到對特定藝術作品會有各種不同的反應 ・5.d. 運用視覺藝術術語，描述對特定藝術作品的個人反應 ・5.e. 能夠辨別自己在創造藝術作品的歷程中，可能的改進之處
生成藝術 ・顏色、形狀與肌理的關係 ・比例與景深 ・拼貼藝術／混合媒材的產出	**生成藝術** ・1.c. 運用不同媒材、技法與歷程來溝通想法、感受、經驗和故事 ・2.c. 運用藝術元素與設計原則來溝通想法

年級　三年級

建議的時程	建議的學習經驗	評量（建議性與必要的**）	差異化（支持學習與延伸學習）	資源
單元介紹	透過大都會美術館的互動影片（詳見資源）介紹藝術家導師羅梅爾·比爾登及其作品「街區」	學生辨識文化元素	有些學生可能需要有一個夥伴配對上課。 為剪東西有困難的學生準備特殊的剪刀。 展示過去學生的作品。	http://www.metmuseum.org/metmedia/interactives/art-trek/romare-bearden-lets-walk-the-block 各類紙張、有顏色的、平滑的、有光澤的、鋁箔的、有肌理的、壁紙、報紙、雜誌、黏著劑、背景紙、「街區」複製畫、艾靈頓公爵（Duke Ellington）和胖子華勒（Fats Waller）的音樂、朗斯頓·休斯（Langston Hughes）的詩作
	將音樂與該時期及爵士樂建立連結（通則#2）	學生辨識音樂的影響		
	閱讀朗斯頓·休斯的詩作《爵士樂團》(Jazzonia) 或《藍調》(The Blues)（通則#2）	學生從詩中描述圖像		
	調查班上學生在鄰里／家鄉中看見、聽見、經驗到什麼	學生辨識並記錄想要涵蓋在圖畫中的鄰里／家鄉元素		
	展示多種可使用的紙張、肌理、黏著劑、以及剪貼的技巧（通則#1,3）	學生測試拼貼技巧與材質（多種紙張、肌理、雜誌）		

（續）

建議的時程	建議的學習經驗	評量 （建議性與必要的**）	差異化 （支持學習與延伸學習）	資源
單元中間	示範如何用剪下的紙來創造場景深（通則#4）	學生選擇顏色、各種紙張、肌理、運用交疊和尺寸、顏色變化等方式來創造圖像		
	示範如何在黏貼之前規劃/布局（鄰里或家鄉）整體圖像（通則#3）	學生用形狀來創造有前景和背景的圖像		
	和全班討論學生（規劃的布局）範本，以確保呈現場景深以及鄰里或家鄉的文物的相關事證（通則#1, 3, 4, 5）	在黏貼前安排好圖案、尋求同儕與老師的意見		
單元結束	讓學生依據評量基準以及正向、建設性意見，相互評析彼此的作品（通則#5）	最後調整拼貼作品，依比例呈現出鄰里或家鄉		

單元終點評量

什麼：

學生將調查藝術家導師羅梅爾‧比爾登創作的拼貼作品「街區」，並且創作出自己城市／鄰里的拼貼作品。

為什麼：

為了瞭解比例賦予圖像景深，以及藝術家透過獨特的技法和創意以溝通想法。

如何：

羅梅爾‧比爾登成就其藝術家的地位，不只透過學習創作新技法和媒材，還經由不同時代的生命經驗。他也研究其他藝術家，並且受到他們作品極大的影響。羅梅爾‧比爾登是你在這個單元中要研究的藝術家導師。

現在，你要運用你跟比爾登學到的東西以及你獨特的生命經驗、文化、技法組合來創作一幅拼貼畫，作為你對自己城市／鄰里的詮釋。你希望觀眾從你的作品中獲得哪些想法？

你可以使用各種材料和黏著劑──彩色和有肌理的紙張、彩色鋁箔紙、雜誌、報紙和壁紙，來創作城市／鄰里的圖像。在圖畫中運用你所學會創造景深的方法。你的拼貼作品將會展示在學校走廊，同學們會用我們發展的評語來回應你的拼貼。讓你的創意源泉流動吧！

評分說明

	高階	精熟	萌生中	起步
詮釋	個人反應顯示出能夠理解藝術產出是一種溝通想法及文化的方式。	個人反應顯示出能夠理解藝術產出是一種溝通想法的方式。	藝術產出顯示對城市景觀的理解仍在發展中，作品中透露的訊息並不清楚。	藝術產出反映了對城市景觀的初步理解。
技法	複雜巧妙的運用顏色、形態、肌理、剪、撕及黏貼來創作城市景觀。	嫻熟的運用混合媒材，包括剪、撕及黏貼來創作城市景觀。	開始運用不同媒材來創作城市景觀。顯現修剪技巧及使用黏著劑進步之證據。	嘗試使用剪刀和黏著劑。
構圖	透過對前景及背景巧妙複雜的描述及細心規劃，顯示對比例的充分理解。	透過前景及背景的使用與規劃，顯示對比例的理解。	嘗試堆疊各種媒材以顯示景深的證據浮現；藝術作品中的圖像比例大略一致，看得出規劃的證據。	試圖安排混合媒材的使用（某些媒材放在其他的材料旁邊）。
原創性	運用非比尋常的組合或改變多個想法；與藝術家導師產生連結；顯示理解及問題解決的技能。	展現非比尋常的材料組合、對藝術家導師作品的理解及問題解決能力等方面的證據。	反映出嘗試／實驗奇特或獨特事物的初期證據。	倚賴複製其他人創造的模型。

來源：資源 C 由凱倫・李斯特博士設計。

概念為本的外語單元

概念為本的課程單元 ── 外語課程

年級：西班牙語（一）

單元數　2

標　題　開吃囉！（Let's eat!）

主要作者　美國康乃狄克州米鐸伯里中學，外語教學領導教師派翠夏・尤斯特斯（Patricia Eustace）以及學區其他中學外語教師共同合作完成。

單元概述（以吸引人的摘要對學生說明單元內容）：

在每個文化中，「吃」是人們日常生活不可或缺的一環，傳統食物透露出哪些個別文化的特色？

你喜歡吃什麼？你敢嘗試不同的食物嗎？你曾經吃過西班牙、墨西哥或者拉丁食物嗎？

在這個單元中，你將學習新的詞彙、表述和文法，進而提升你談論食物、餐飲和文化相似性與差異的能力。你會運用新的（與以往的）詞彙和文法在迷你情境中開口說並進行對話、閱讀西班牙烘蛋（tortilla de huevos）的食譜，以比較 tortillas 在墨西哥菜餚的用法（譯按：tortilla 在墨西哥食物中指玉米餅；但在西班牙 tortilla de huevos 則指以馬鈴薯加洋蔥製成的厚烘蛋餅）、在回家作業中研究波多黎各與西班牙食物，並瞭解平面廣告和電視廣告中有關食物的西語會話。

單元結束時，你將學會在真實情境中點餐和談論這個主題的必要語言。¡Buen provecho!（祝胃口大開！）

科技融入（老師或學生需要使用哪些技能、需要具備多少知識，或對網路和工具的熟悉程度）：

使用實物投影機、網路，以及加強和充實單元理解的相關網站。

本單元涵蓋的課綱標準：

本單元與康乃狄克州教育部門外語內容標準（CT State Department World Language Content Standards）一致。

年　　級　　西班牙語（一）

概念透鏡　　傳統（Traditions）

支線 1：瞭解語言
（Understanding Language）

‧請求（Requests）
‧餐廳裡的對話（Conversations in restaurants）
‧說明（Instructions）
‧用餐的文化傳統（Cultural traditions at mealtime）
‧一日／一年中的時間（Time of day / year）
‧食物種類（Types of food）
‧日常生活（Daily life）
‧多樣性（Diversity）
‧家庭成員的角色（Roles of family members）
‧禮儀（Etiquette）

支線 2：反應語言
（Responding to Language）

‧個人喜好（Personal preferences）
‧描述味道／風味（Descriptions of tastes / flavors）
‧考慮到他人的意見（Consideration of the opinions of others）
‧對交談的貢獻（Contributions to conversations）

單元標題：

開吃囉！

支線 3：生成語言
（Producing Language）

‧合適的詞彙（Appropriate vocabulary）
‧有效溝通──正式／非正式（Effective communication—formal / informal）
‧發音（Pronunciation）

支線 4：評析語言
（Critiquing Language）

‧解釋（Interpretation）
‧不同文化間／食物的比較（Comparisons of foods in different cultures）
‧食物的品質（Quality of food）
‧文化賞析（Cultural appreciation）

年　　級　西班牙語（一）

單元標題　開吃囉！

通則	引導問題 （F＝事實性；C＝概念性；P＝激發性）
1. 人們吃的食物反映了他們的傳統和（文化）遺產。	1.1. 你的早餐、午餐和晚餐都吃些什麼食物？（F） 1.2. 嘗試不同文化的食物，如何能幫助人們瞭解其文化？（C） 1.3. 你在餐廳如何點菜？（F） 1.4. 在西語系國家，你會如何對服務生説話？為什麼？（F） 1.5. 西語系國家的一般用餐時間為何？與美國有何不同？（F） 1.6. 典型的西班牙食物有哪些？（F） 1.7. 誰的飲食習慣比較好？為什麼？（P）
2. 在打理家務和準備餐食中，家庭成員的傳統貢獻為不同文化的日常生活提供深刻理解。	2.1. 對於進廚房協助準備食材，你覺得如何？（F） 2.2. 你多常主動幫忙準備餐食？（F） 2.3. 你知道如何準備哪些餐點？（F） 2.4. 為什麼在不同文化中，對家庭成員在日常生活中的貢獻期望會有所不同？（C）
3. 有效溝通仰賴正確的文法和詞彙，以及對文化常規的理解和賞析。	3.1. 你如何使用直接受詞代名詞（direct object pronouns）取代名詞？（F） 3.2. 你如何運用非正式肯定命令式（informal affirmative commands）告訴別人該做什麼？（F） 3.3. 規則命令式（regular commands）與不規則命令式（irregular commands）有何不同？（F） 3.4. 文法與詞彙（正面或負面）如何影響溝通的意義？（C）
4. 多元文化的飲食普及，反映了全球化的深化。	4.1. 在美國大多數百貨超市中可以買到哪些西班牙或拉丁食物？（F） 4.2. 為什麼西班牙或拉丁餐點這麼受歡迎？（P） 4.3. 美國人客製化來自各地的食物嗎（例如：減少食物的辛辣程度是否背離了文化源頭）？（P） 4.4. 為什麼有越來越多人熟悉不同文化的飲食？（C）

關鍵內容與主要技能

關鍵內容 學生會知道什麼	主要技能 學生將能夠做什麼
瞭解語言 · 西班牙食物的詞彙 · 家庭用餐的傳統 · 餐廳中的合宜禮儀 · 日常和節慶的西班牙或拉丁食物 · ser、estar、pedir、preferir、poder、probar 等動詞的意義與用法	**瞭解語言** · 正確使用非正式肯定 · 用直接受詞代名詞命令 · 正確使用變化字根（stem-changing）的動詞：pedir / probar / preferir / poder · 使用直接受詞代名詞 · 就已知詞彙與文法結構所構成的學習主題，理解書面或口語的短篇交談（解釋模式）
反應語言 · 對話中應有的禮儀和一般性共識	**反應語言** · 使用發音不連貫的詞語和學過的短語，參與各種熟悉或可預測主題之（書面或口語）基本對話（人際模式） · 詢問與回答問題
評析語言 · 文化性美食 · 食品品質基準 · 有效的角色扮演行為（例如：聲音、眼神接觸、活潑生動、正確表述） · 正式與非正式語言	**評析語言** · 透過比較學生母語和所學語言，拓展對語言基本結構模式相似性和差異性的認識 · 透過比較目標文化和學生自身文化，以及兩種文化間如何互動（例如：比較 / 對比飲食習慣）來調查文化的本質 · 表達個人對食物品質的偏好 · 評估溝通的努力，並找出改善運用目標語言溝通的方法
生成語言 · 知道要求食物和指示的常用命令 · 知道句子及命令中使用直接受詞代名詞的規則 · 與食物有關的特定詞彙 · 序列數字（第一到第十）	**生成語言** · 用學過的簡單短語或書面或口語表述，對觀眾發表非常熟悉的主題（發表模式） · 複製所學文化中的慣用法

年　級　西班牙語（一）

建議的時程	建議的學習經驗	評量（建議性與必要的**）	差異化（支持學習與延伸學習）	資源
大約6-8週的單元	調查班上對西班牙食物和墨西哥食物的瞭解；誰吃過這些食物？有什麼不同？（通則#1, 4）。		展示過去學生作品的傑出典範。 配對練習及作業比較。	Expresate 1B，38-53頁 DVD Tutor－Expresa vision1/Expresa vision 2 視覺動詞 詞彙筆記本 遊戲/競賽 填字遊戲
	利用電子白板放大章節頁面以介紹詞彙，聆聽母語人士的詞彙發音。將頁面翻譯為英文、做成字彙卡。		根據學生需求重新陳述問題。	
	每天用西班牙語拋出關於食物、早餐的重要性、美國與西班牙語系國家用餐時間等問題，與隔壁同學分享」（通則#1, 4）。	評估學生的回應	同儕輔導。 向鄰座或小組重述短文故事。	「心靈遊戲」（Mind Game）DVD 評論 墨西哥藝術家迪耶哥·里維拉（Diego Rivera）呈現原住民處理玉米的作品（例如：「The Grinder」）
	提供每位學生一套餐員，用西班牙語學習「餐具擺放」（通則#2, 3）。	用餐廳「情境」測驗口語		西班牙餐廳的菜單 可供研究食物廣告的各式各樣西語食品雜誌 西語的電視食品廣告
	介紹「左右」（izquierda-derecha）韻律，運用正確擺放餐員（通則#2, 3）。	每日與鄰座夥伴分享目標問題或「本日問題」		
	在TL中進行關於典型食物、自助餐廳食物的簡單討論，並指定可以運用新字彙和文法的「情境」（situaciones）（通則#2, 4）。	每週紙筆測驗	解釋、示範並運用「文字中的」及「對話中的」翻譯與言語差別	

（續）

（續）

建議的時程	建議的學習經驗	評量（建議性與必要的**）	差異化（支持學習與延伸學習）	資源
大約6-8週的單元	在家學習或課堂配對「分析」中，指定文本課程（text program）中的母語對話。利用塑膠食物來練習每日對話。	章節第一及第二部分單元測驗		
	介紹常用於餐食和烹飪情境中字根變化的動詞，要求學生分析動詞變化的模式。回顧什麼是代名詞？讓學生找出英文中的代名詞，然後應用於班牙文（通則#3）。	「情境」（situaciones）（用3至4天時間練習四行迷你會話，然後當作口頭測驗）		
	指定閱讀短篇故事「傻瓜村」（El Pueblo de Tontos），以強化食物及指示詞彙。運用wordle軟體製作主題詞彙的文字雲。在電子白板上觀看西班牙語食品廣告影片來辨識並加深詞彙印象。指定閱讀短篇故事「美食山」（La Montaña del Alimento），討論玉米在墨西哥文化中的重要性，以及馬雅和阿茲提克文化中廣受歡迎的羽蛇神（Quetzalcoatl）（通則#3）。後續：畫一個故事中的場景，寫一小段西班牙文解釋場景與故事的關係。		為需要更多支持的學生準備連連看或選擇題形式的小測驗。 對能勝任進一步學習的學生，讓他們進行馬雅和阿茲提克文化的獨立研究，並與全班分享。	

207

建議的時程	建議的學習經驗	評量（建議性與必要的**）	差異化（支持學習與延伸學習）	資源
	提出「問問你鄰居」的問題來練習食物詞彙及學過的相關文法（通則#1, 3, 4）。 介紹直接受詞代名詞，讓學生運用於章節主題。			
大約6-8週的單元	回顧：什麼是命令（command）？ 學生討論在日常言語中常用的命令，學習在西班牙文中運用。 聆聽西班牙語流行歌曲「跟我來」（Ven conmigo）以熟悉命令。 後續：隔天重聽歌曲時，寫出空格中的字詞。	觀察		
	指定閱讀西班牙語雜誌中道地的食譜，以理解詞彙與命令。 「必要的蔬菜」（vegetales necesarias）。 以食譜作為示範，嘗試寫下自己的食譜，運用命令、序數及與主題有關的詞彙，對同組同學發表。 學生找出迪耶那哥‧里維拉表現人們在工作、準備食物等之畫作，並用西班牙語說明。	評估學生的產品與歷程	對需要更多幫助的學生，給予只有四個同步驟的食譜以及較少的命令。	

單元終點評量

什麼：

學生能寫出並表演出在西班牙餐廳的真實情景。

為什麼：

為了瞭解有效的溝通仰賴正確的文法和詞彙，並能瞭解及欣賞文化規範。

如何：

- **角色（Role）**：在這個單元中，你學到了西班牙食物與進餐中重要的詞彙和文化特色，現在你的工作是要運用在這個單元所學到的一切，撰寫並演出一齣餐廳裡的短劇。

  首先，你要閱讀餐廳中服務生、顧客與朋友之間的英文對話列表，包括典型的陳述與提問。

  接著（兩兩配對或小組），選擇並翻譯符合你用餐經驗的對話句子來創作一則餐廳腳本。

  每套腳本必須包含情境中發生的一個「難題」，你必須「解決」這個難題（例如「我忘記帶錢！」）。在書寫情境時，記得在正式與非正式對話中安排其他角色。

- **對象（Audience）**：其他同學扮演餐廳中觀察你這桌活動的其他客人，最後他們將會評析你們的「演出」。

- **形式（Format）**：在課堂拼湊的臨時餐廳場景中，你們將有五至七分鐘演出情境腳本。

- **主題（Topic）**：除了演出餐廳劇本外，每個人都要用英文寫一段文字，總結說明在你的劇本中，哪些部分促進有效的溝通，哪些部分淪為無效的溝通。

單元終點評量規準

實作任務

	傑出	良好	萌生中	初階
內容知識：詞彙和文法	在整齣短劇中使用正確的詞彙和文法	對詞彙和文法的知識至少達到 80% 以上正確	足夠理解的正確詞彙和文法知識，但仍有許多錯誤	只知道少數基本詞彙和文法，但尚不足以清楚的溝通
發表技能	展現抓住觀眾目光的熱情和情感，並且富有創意的使用道具，使表演更佳豐富	對角色表現出一些熱情，並努力使用真實道具	對角色表現出熱情，然而發表技巧無法全程吸引觀眾的注意	發表受到腳本注釋的限制，顯得生硬而呆板
說話技能	說話流暢、具備自信，接近母語人士的發音	說話還算流暢，偶爾遲疑，大部分字詞的發音良好	仍在發展說話的流暢性，斷斷續續的情況比平順時候多，有些發音錯誤	說話會停頓、一個字一個字的說，聽眾難以理解

個別書面回覆

	傑出	良好	萌生中	初階
理解	將目標通則延伸至更深入的理解	會說明目標通則	瞭解目標通則中的一些概念	書面回覆中重述期望之技能與知識，而非通則

來源：資源 D 係由派翠夏・尤斯特斯設計。

概念為本的音樂單元

概念為本的課程單元 —— 伊利諾州惠綾市音樂課程

年級：小學中年級（3-5）

單 元 數 學年開始的前 3-4 個月——螺旋式課程

標　　題 以傳統民間音樂為作曲的典範

作　　者 美國伊利諾州惠綾市第 21 社區聯合學區，佛朗芯・艾文思（Francine Evens）

單元概述（以吸引人的摘要對學生説明單元內容）：

你知道有些人將民間音樂稱為「大地的音樂」嗎？你認為人們為什麼會這麼説？

我們一直在透過民謠傳統探索「re」這個新的音高，在這個新單元中，我們將繼續學習民間音樂如何幫助人們表達他們生命故事中的喜樂與哀傷。此外，民謠包含幫助我們閱讀、表演和創作音樂的音樂元素。在單元結束時，作為一個融合民謠素材中某些相同元素的作曲家，你將對我們展示你獨特的創意，藉以定義你的風格——無論是傳統、流行或是搖滾！

科技融入（老師或學生需要使用哪些技能、需要具備多少知識，或對網路和工具的熟悉程度）：

學生會使用製譜軟體 finale 作曲。

本單元涵蓋的課綱標準：

伊利諾州標準（Illinois State Standard）26.A.2d Music：閱讀並解釋音值（note value）和音名（letter name）的傳統音樂符號。

美國國家音樂標準（National Standards in Music）：3. 即興旋律、變奏曲和伴奏。4. 依特定規範編寫和排列音樂。5. 閱讀和記譜。

年　　級　　小學中年級（3-5）

概念透鏡　　聽想（Audiation。未呈現音樂的狀態下聽見音樂的能力；如同思考

語言一般運用認知思考音樂；從音樂中建構意義和預測模式的能力）

支線 1：瞭解音樂
（Understanding Music, UM）

- 音高（Pitch）
- 拍子（Beat）
- 有節奏的音符時值
（Rhythmic note values）
- 節拍（Meter）
- 音程（Intervals）
- 節奏和旋律模式
（Rhythmic and melodic patterns）
- 和聲（Harmony）
- 聽想（Audiation）
- 曲式（Form）
- 織體（Texture）
- 訊息（Message）
- 民謠的歷史意義
（Historical significance of folksongs）
- 對位法（在旋律譜線之間的交織）
〔Counterpoint (in the interweaving between melodic lines)〕

支線 2：反應音樂
（Responding to Music, RM）

- 合拍唱歌（In-tune singing）
- 歌詞隨節奏流動（Flow of text with rhythm）
- 表情（Expression）
- 對旋律與節奏概念的情感反應
（Emotional response to melodic and rhythmic concepts）
- 情調（Mood）
- 詮釋（Interpretation）

單元標題：
傳統民間音樂作為
作曲的典範

支線 3：生成音樂
（Producing Music, PM）

- 音樂要素的組織（Organization of musical elements）
- 即興（Improvisation）
- 作曲：歌詞考量、依節奏的流動
（Composition: text considerations, flow with chosen rhythms）
- 品質和表演的要素：在力度和運音法的創造性和原創性（Elements of quality and performance: creativity and originality in dynamics and articulations）
- 模式（Patterns）

支線 4：評析音樂
（Critiquing Music, CM）

- 民俗素材中的音樂要素（Musical elements within folk material）
- 高品質表演中的要素（Elements of a quality performance）
- 真實性（Authenticity）

年　　級　小學中年級（3-5）

單元標題　傳統民間音樂作為作曲的典範

通則	引導問題 （F＝事實性；C＝概念性；P＝激發性）
1. 傾聽節奏或旋律的曲式建立作曲模式。 （UM, PM）	1a. 你聽見什麼旋律或節奏的模式？（F） 1b. 每一拍你聽見幾個音？（F） 1c. 音高在哪裡較高或較低？（F） 1d. 節奏模式如何影響旋律？（C） 1e. 節奏模式與旋律要素可以如何改編成為新的樂曲？（P）
2. 應用節奏或旋律的模式來閱讀、撰寫與演奏民謠。 （UM, PM）	2a. 你所撰寫／閱讀／演奏的旋律或節奏模式為何？（F） 2b. 每一拍有幾個音？（F） 2c. 音高在哪裡較高、較低或保持一致？（F） 2d. 節奏模式如何影響旋律？（C） 2e. 與音樂互動的不同方式（閱讀、撰寫和演奏），如何影響我們聆聽音樂？（C） 2f. 節奏模式和旋律要素可以如何改編成為新的樂曲？（P）
3. 表演品質仰賴適切的詮釋及樂曲演出中的音樂要素。 （UM, PM, CM, RM）	3a. 音樂要素如何影響樂曲的演出？（C） 3b. 作曲家透過樂曲演奏傳達什麼訊息？（P） 3c. 樂曲的適切詮釋是什麼？（P）
4. 民謠反映一個文化在特定／重要歷史時點的生活。 （CM, RM）	4a. 這首樂曲是在何時、哪些文化事件影響下寫作完成的？（F） 4b. 在特定民謠中，音程範圍或特定節奏為何？（F） 4c. 特定民謠的情調如何影響民謠的演出？（C） 4d. 一個人的母語如何影響歌曲的選擇？（C） 4e. 同一首歌曲可能在同一個國家的不同區域有不同的改編（以彰顯民謠的真實性）嗎？（C） 4f. 為什麼民謠被認為具有最高的藝術價值？（P）
5. 對音樂要素的個人詮釋先於即興創作或作曲。 （CM, RM, UM）	5a. 五聲音階中的音高有哪些？（F） 5b. 五聲音階可以如何改編成為新的旋律結構？（C） 5c. 所有的即興創作都會被接納嗎？（P） 5d. 在結構的範圍內作曲是否會縮減作曲家的創造力？（P）

關鍵內容與主要技能

關鍵內容 學生會知道什麼	主要技能 學生將能夠做什麼
瞭解音樂 · 音樂要素：聚焦於聽想 · 音樂詞彙	**瞭解音樂** · 傾聽並唱出五聲音階中的音高 · 從音樂素材〔錄音、民俗素材、摘錄、閃卡（flashcards）〕中，傾聽並萃取（辨識）音樂的概念 · 傾聽並辨別節奏模式 · 傾聽到形成強拍、重音、弱拍等節拍的節奏要素流動 · 傾聽並辨別歌詞如何符合節奏和節拍
反應音樂 · 速度對節奏的影響 · 民謠歌曲中節奏流動與歌詞的關係 · 旋律概念和動覺反應之間的關係 · 旋律概念和口語反應之間的關係	**反應音樂** · 辨別、吟唱、閱讀、撰寫及 / 或表演民謠中的節奏 · 辨別、唱出、閱讀、撰寫及 / 或表演民謠中的音高
評析音樂 · 高品質音樂的要素 · 高品質演出的要素	**評析音樂** · 比較並對比高品質音樂中特定的要素 · 同儕評論民謠素材的人聲或樂器表現
生成音樂 · 即興創作的階段 · 作曲的階段	**生成音樂** · 以人聲即興創作進行樂句問答 · 聚焦於運用旋律及 / 或節奏作曲，包括織體方面的創造力和原創性等考量

（續）

年　級　小學中年級（3-5）

建議的時程	建議的學習經驗	評量 （建議性與必要的**）	差異化 （支持學習與延伸學習）	資源
整個單元中	每堂音樂課中，學生將傾聽老師以音叉的一側敲在白板上，發出音高「A」。學生將唱出音高「A」並且看到高音「A」在譜上的記譜位置。使音高「A」成為學生沒有聽到也能夠重複的音高（聽想）。這不算是「絕對音感」，而是「相對音感」的發展。〔這個想法來自柯大宜講師布魯斯·史旺克（Bruce Swank）〕。「A」可以變成五聲音階 F 調中的「mi」。	老師聆聽取學生的音高並給出口頭回饋：大高、大低或相符。學生以團體方式調整他們的音高。	整個單元中： • 由教師和同儕示範思考和演出。 • 適當運用問題來擴展學生的思考或搭建必要的支持鷹架。 • 讓學生在嘗試用音樂展示之前先用文字解釋。 • 為學生提供複雜程度差不多的民謠模式。	教師註記：研究所階段的柯大宜教學培訓教師對節奏和旋律練進（sequence）概念的知識。這種教學法來自匈牙利。
	鼓勵學生透過適當的姿勢、呼吸支持，藉由遊戲和民謠素材來發展頭部發聲（head voice），而非胸聲或從喉嚨發聲，以達成合拍唱聲。	持續的教師觀察、同儕評量與學生自我反思。		
	運用柯爾文手號（curwen hand signs）、肢體動作（doh 為觸摸腰部，re 為交叉雙臂環繞身體，mi 為觸碰肩膀，相同）以顯示音高方向（更高、更低、相同）以聆聽體律動中使用的旋律模式。在團體律動中使用圍巾或彩虹傘等道具，在階梯、摺疊式或彩平台合唱合上下移動。	學生回應教師提問。		

建議的時程	建議的學習經驗	評量（建議性與必要的**）	差異化（支持學習與延伸學習）	資源
整個單元中	依循柯大宜模進來練習音程間的距離。讓學生透過聆聽、唱、表演民謠、閃卡、節錄等音樂素材，以及 sol-mi（小三度）、sol-la（大二度）、sol-mi-doh、mi-re-doh、doh-re-mi-sol-la 等模式。（柯大宜源自匈牙利，是一種以兒童為中心、循序漸進的教學法。） 節奏： • 學生透過聆聽錄音或現場音樂、演唱民歌來發展拍子做為節奏的基礎並且以拍打、踱步、吟唱、樂器演奏來表現出拍子。 • 學生閱讀並表現節奏（拍手、演奏樂器）並同時用腳打穩定的拍子。	學生現場歌唱的形成性評量。 定期讓學生「放聲思考」他們腦中所聽到的音樂。 學生回應閃卡與演出。 學生同儕互評及自我反思。		研究所階段的奧福樂教節奏教學法（Orff-Schulwerk）教師培訓：其哲學理念為「做中學」，並包含兒童尺寸的音高樂器。這種教學法來自奧地利。 研究所階段的達克羅士（Dalcroze）教師培訓：達克羅士包括解釋樂句、曲式、旋律和節奏的優美律動。這種教學法來自瑞士。已故的達克羅士音樂學院創辦人暨教師羅伯特‧艾布拉姆森（Robert Abramson）認為，節奏描述了在空間和時間中各種流動與律動。當結合樂聲時，節奏描述了由各種速度（拍子）、持續時間和音質所創造不同的律動模式。

（續）

建議的時程	建議的學習經驗	評量 （建議性與必要的**）	差異化 （支持學習與延伸學習）	資源
第 1 週	要求學生透過唱出與呈現肢體動作或手號來聽及回應不同的 mi-re-doh 模式。 學生要隨著節拍踱步，同時拍手呈現「熱麵包」（Hot Cross Buns）歌曲的節奏。 學生將展現肢體或手號，並且在平台式合唱（一種音樂教室中的合唱）向上或向下移動來呼應「熱麵包」的音高。	教師觀察：聆聽以查看學生是否結合眼、耳及聲音來測量音程距離與節奏變化。	先聆聽再看譜以建立聽覺記憶。 展示節奏拍步和按節奏拍手，對學生示範如何藉由時間與空間來測量節奏的流動。 聆聽模式可以建立聽覺記憶。	奧福資源： Frazee, Jane, & Kreuter, Kent. *Discovering Orff*, London: Schott, 1987, 2010. *Music for Children*, Orff-Schulwerk（1977, American Edition）Books 1, 2, 3. London: Schott. Murray, Margaret. *Music for Children*. Orff-Schulwerk, English version adapted by Margaret Murray. London: Schott. Steen, Arvida. *Exploring Orff*, New York: Schott, 1992. Warner, Brigitte, *Orff-Schulwerk: Applications for the Classroom*, New Jersey: Prentice Hall, 1991.

（續）

建議的時程	建議的學習經驗	評量 （建議性與必要的**）	差異化 （支持學習與延伸學習）	資源
第 2 週	學生將在五線譜上方標註唱名（mrd），下方標註絕對音名（FGA）。學生將唱出「熱麵包」的唱名，並讀出絕對音名和歌詞。			高大宜資源： Choksy, Lois. *The Kodaly Method*, New Jersey: Prentice Hall, 1981.
第 3 週	學生將一邊唱一邊以奧福鐘琴（glockenspiels）演奏「熱麵包」。學生將用木琴和鐵琴（連續長音 bordun 與頑固音型 ostinato 模式）演奏不同的節奏和旋律模式。		運用問題和示例作為鷹架，幫助學生了解旋律結構的組織創造出模式。	Choksy, Lois. *The Kodaly Context*, New Jersey: Prentice Hall, 1981. Erdei, Peter. *150 American Folk Songs to Sing, Read, and Play*, U.S.A.: Boosey & Hawkes, 1989. Locke, Eleanore, G. *Sail Away: 155 American Folk Songs to Sing, Read, and Play*, U.S.A.: Boosey & Hawkes, 1989.

（續）

218

建議的時程	建議的學習經驗	評量（建議性與必要的**）	差異化（支持學習與延伸學習）	資源
第 4 週	學生分成兩人一組，用奧福樂器邊唱邊創作 mi-re-doh 模式。學生們運用 4/4 拍歌曲「熱麵包」，用四分音符、八分音符和四分休止符的節奏以及 mi-re-doh 音高等寫出不同模式。	學生對即興產出的模式進行同儕互評。	老師安排音樂經驗較豐富的學生與經驗較少的學生配對。	達克羅士資源：Abramson, Robert. *Feel It! Rhythm Games for All*, New York: Warner Bros., 1998. Findlay, Elsa. *Rhythm and Movement*. New Jersey: Summy-Birchard, 1971. Mead, Virginia, Hoge. *Dalcroze Eurhythmics in Today's Classroom*. New York: Schott, 1994.
第 5-6 週	學生結合他們的 mi-re-doh 旋律模式與歌詞，做出一個運動潮鞋的廣告短曲（終點任務）。	學生自我反思：「你喜歡自己的歌嗎？為什麼喜歡或不喜歡？你的節奏有跟歌詞搭配嗎？在每個 4/4 拍的小節中，你是否都有四拍？」	發給英語學習者（English Language Learners，譯按：在美加學校中閱讀不流暢、溝通困難的學生，大多來自母語非英語的家庭）常見的「運動」用詞的押韻彙庫，如：「shoe，鞋子（單數）」、「shoes，鞋子（複數）」、「run，跑步」*提供作曲實例作為示範。	

219

單元終點評量

什麼：

　　學生將擔任職業音樂家的角色。

為什麼：

　　為了瞭解對音樂要素的個人詮釋先於即興創作或作曲。

如何：

　　學生們將探索「熱麵包」這首歌，以解讀已知的 mi-re-doh 音高和已知的四分音符、八分音符和四分休止符等節奏。

　　學生將擔任職業音樂家的角色，受聘為一家流行性運動鞋公司創作一首廣告短曲。

　　學生將依據自己的個人詮釋重新安排音高和節奏，並且增添歌詞以顯現運動潮鞋的優點。

　　在五線譜上或製譜軟體 finale notepad 中作曲。

　　這首歌將以廣告短曲演唱的方式對鞋業公司董事會成員演出，展現音樂要素的知識，藉以反映出對產品優點的個人詮釋，這些優點將使鞋業公司的收入增加。

單元終點評量規準

1： **起　步**—— 曲子的歌詞開始配合節奏流動，可能完全按照參考民謠的順序複製音高，但歌曲演唱需要合拍及 / 或配合曲調。

2： **發展中**—— 曲子的歌詞有時能夠搭配節奏流動，編曲結構可能有幾個旋律或節奏錯誤，歌曲演唱需要多加練習才能與曲調合拍，並配合曲子的音高和節奏。

3： **達　標**—— 曲子的歌詞、節奏、旋律方面大多正確，歌曲演唱符合音高也配合樂譜標記。

4： **優　越**—— 曲子具備創意和原創性，以正確的節奏和旋律符號所組成，歌詞流暢。歌曲演唱包含了動態的表達（響亮—柔和）。

調整第七章的學習活動

好，現在該你拿出真本事來接受考驗囉！看看下面每一個傳統的課程活動，你會怎樣修改以引發綜效性思考：

A. 語文：閱讀 ＿＿＿＿＿＿＿ 故事，分辨故事中的人、事、地、時以及原因。

改編：從本單元你所閱讀過的所有故事中，挑選出你最喜歡的神祕故事。選擇一段作者顯露出自己的確是神祕作家大師的段落，也許這段話加深你的懸疑，或者讓你欣賞到語言的巧妙運用。接著，參考我們已知作家經常使用的文學技巧表〔吊人胃口（cliff hanger）、倒敘（flashback）、伏筆／鋪梗（foreshadowing）、轉移焦點（red herring）、大逆轉（plot twist）、語氣（mood）、聲調（tone）等〕。在你所選的段落中選出作者使用的一兩種技巧，並解釋它如何或為何這麼有效。

B. 外語：完成規則動詞和不規則動詞的現在式和簡單過去式的動詞變化。

改編：老師對學生說：「今天我們要思考這個問題：動詞詞形變化如何能讓人們精確的用語言交流？」在小組中，用現在時態和簡單過去時態設計一段演出或短劇，其中的含義**欠缺精確**的傳達。與另一小組搭配，分享本組不精確的短劇。在合併組中討論，短劇需要進行哪些調整才能夠達到精確溝通，編寫並表演「修正後」的短劇給別組人看，並且詢問他們是否可以看出短劇中哪裡做了修正。

C. 藝術活動：創作樹葉拓印。

改編：老師對學生說：「我們這陣子在談論和感受不同材料的紋理，我們還研究了各種不同紋理的三維度物體。藝術家在思考透過藝術作品來表達想

法時，經常會探索不同的紋理，紋理有助於在二維藝術品中表現三維物體的特性，例如岩石、樹木、房屋等。今天你將透過創作不同材料的拓印來進一步探查紋理，在你動手工作時思考這個問題：『身為藝術家，我如何能用材料的紋理在二維度的紙上呈現三維度物體的特性？』課程結束時，請準備分享你的拓印，並且用你的作品來佐證你對這個問題的想法。」

D. **化學**：觀察化學反應並辨別反應物和產物。

改編：老師對學生說：「物質在互動時如何變化？在小組中，透過觀察不同化學反應來調查這個問題，你的任務是藉由找出變化的證據來辨別反應的反應物和產物。調查完成後，完成以下這句話以分享你的想法：『我瞭解在化學反應中，物質可能會因……而改變』（例如：釋放氣體、形成固體、產生氣泡）。」

E. **地理**：畫出你的社區地圖並標註重要的地標。

改編：你受僱於一家道路導航公司，成為他們從一個主要地標到另一個主要地標之間，手機應用程式的語音導航駕駛。你要查看城市街道地圖，寫下兩個間隔最遠的主要地標間，最短路徑的路線指示，你可以從任一地標出發。準備好在小組中以語音方式分享你的路線指示。在小組中討論這個問題：「最短路徑總是最好的路線嗎？為什麼是？或為什麼不是？」

F. **幾何**：在紡織品設計中找出變換的例子（平移、鏡射、旋轉、縮放）。

改編：老師對學生說：「我們學了一陣子幾何變換，你是否同意『形狀的變換始終保持全等（congruent）』這個說法？在紡織品設計中找到變換（平移、鏡射、旋轉和縮放）的例子，想出支持或反對該說法的論點。藉由完成以下這句話來分享你的洞見：『我瞭解當……的時候，變換可以創造全等的形狀。』」

References
參考文獻

Anderson, L. W., & Krathwohl, D. R. (Eds.). (2001). *A taxonomy for learning, teaching, and assessing: A revision of Bloom's taxonomy of educational objectives.* New York, NY: Addison-Wesley Longman.

Beaton, E. A., Mullis, I. V. S., Martin, M. O., Gonzalez, E. J., Kelly, D. L., & Smith, T. A. (1996, November). *Mathematics achievement in middle school years: Third International Mathematics and Science Study.* Center for the Study of Testing, Evaluation and Educational Policy, Boston College, MA.

Behar-Horenstein, L. S., & Niu, L. (2011, February). Teaching critical thinking skills in higher education: A review of the literature. *Journal of College Teaching & Learning, 8*(2), 26.

Bloom, B. S., Engelhart, M. D., Furst, E. J., Hill, W. H., & Krathwohl, D. R. (Eds.). (1956). *Taxonomy of educational objectives: The classification of educational goals: Handbook I: Cognitive domain.* New York, NY: David McKay.

Bransford, J. D., Brown, A. L., & Cocking, R. R. (Eds.). (1999). *How people learn: Brain, mind, experience, and school.* Washington, DC: National Academy Press.

Bransford, J. D., Brown, A. L., & Cocking, R. R. (Eds.). (2000). *How people learn: Brain, mind, experience, and school* (Exp. ed.). Washington, DC: National Academies Press.

Common Core State Standards Initiative. (2010a). *Common core state standards for English language arts.* Retrieved from http://www.corestandards.org/assets/CCSSI_ELA%20Standards.pdf

Common Core State Standards Initiative. (2010b). *Common core state standards for mathematics.* National Governors Association Center for Best Practices and Council of Chief State School Officers. http://www.corestandards.org/Math

Danielson, C. (1996). *Enhancing professional practice: A framework for teaching.* Arlington, VA: Association for Supervision and Curriculum Development.

Darling-Hammond, L., Amrein-Beardsley, A., Haertel, E., & Rothstein, J. (2012, March). Evaluating teacher evaluation. *Phi Delta Kappan, 93*(6), pp. 8–15.

DuFour, R., DuFour, R., Eaker, R., & Many, T. (2006). *Learning by doing: A handbook for professional learning communities at work.* Bloomington, IN: Solution Tree Press.

Ennis, R. H. (1989). Critical thinking and subject specificity: Clarification and needed research. *Educational Researcher, 18*(3), 4–10.

Erickson. H. L. (2002). *Concept-based curriculum and instruction: Teaching beyond the facts.* Thousand Oaks, CA: Corwin.

Erickson, H. L. (2007). *Concept-based curriculum and instruction for the thinking class-room.* Thousand Oaks, CA: Corwin.

Erickson, H. L. (2008). *Stirring the head, heart and soul: Redefining curriculum, instruction, and concept-based learning* (3rd ed.). Thousand Oaks, CA: Corwin.

Erickson, H. L. (2010). Conceptual designs for curriculum and higher-order instruction. In R. Marzano (Ed.), *On excellence in teaching.* Bloomington, IN: Solution Tree Press.

Fullan, M. G. (1991). *The new meaning of educational change* (2nd ed.). New York, NY: Teachers College Press.

Hall, G. E., & Hord, S. M. (1987). *Changes in schools: Facilitating the process.* Albany: State University of New York Press.

Hall, G. E., & Hord, S. M. (2011). *Implementing change: Patterns, principles, and pot-holes* (3rd ed.). Upper Saddle River, NJ: Pearson.

Harvard Smithsonian Center for Astrophysics. (1987). *A private universe.* Science Education Department, Science Media Group. Cambridge, Massachusetts. Retrieved from http://www.learner.org/resources/series28.html

Harris, T., & Hodges, R. (1995). *The literacy dictionary: The vocabulary of reading and writing.* Newark, DE: International Reading Association (IRA).

Hattie, J. A. C. (2009). *Visible learning: A synthesis of 800+ meta-analyses on achieve-ment.* London: Routledge.

Herman, R., & Stringfield, S. (1997). *Ten promising programs for educating all children: Evidence of impact.* Arlington, VA: Educational Research Service.

Hord, S. M., Rutherford, W. L., Huling-Austin, L., & Hall, G. E. (1987). *Taking charge of change.* Arlington, VA: Association for Supervision and Curriculum Development.

Joyce, B., & Calhoun, E. (2010). *Models of professional development: A celebration of educators.* Thousand Oaks, CA: Corwin.

Kegan, R., & Lahey, L. (2001, November). The real reason people won't change. *Harvard Business Review,* pp. 85–91.

Kennedy, M., Fisher, M. B., & Ennis, R. H. (1991). Critical thinking: Literature review and needed research. In L. Idol & B. F. Jones (Eds.), *Educational values and cognitive instruction: Implications for reform* (pp. 11–40). Hillsdale, NJ: Erlbaum.

Kotter, J., & Rathgeber, H. (2005). *Our iceberg is melting: Changing and succeeding under any conditions.* New York, NY: Saint Martin's.

Lai, E. R. (2011). *Critical thinking: A literature review.* Retrieved from http://www.pearsonassessments.com/hai/images/tmrs/CriticalThinkingReviewFINAL.pdf

Lanning, L. (2009). *Four powerful strategies for struggling readers, grades 3–8: Small group instruction that improves comprehension.* Thousand Oaks, CA: Corwin.

Lanning, L. (2013). *Designing a concept-based curriculum in English language arts: Meeting the common core with intellectual integrity, K–12.* Thousand Oaks, CA: Corwin.

Lipman, M. (1988). Critical thinking: What can it be? *Educational Leadership, 46*(1), 38–43.

Loucks-Horsley, S., & Stiegelbauer, S. (1991). Using knowledge of change to guide staff development. In A. Lieberman & L. Miller (Eds.), *Staff development for education in the 90s: New demands, new realities, new perspectives* (2nd ed.) (pp. 15–36). New York, NY: Teachers College Press.

Milligan, A., & Wood, B. (2010). Conceptual understandings as transition points: Making sense of a complex social world. *Journal of Curriculum Studies, 42*(4), 487–501.

National Commission on Excellence in Education. (1983). *A nation at risk: The imperative for educational reform.* Washington, DC: Author.

Next Generation Science Standards. (2013). Achieve, Inc. on behalf of the twenty-six states and partners that collaborated on the NGSS [Editorial]. Retrieved from http://www.nextgenscience.org/

NGSS lead states. (2013). *Next generation science standards: For states, by states.* Washington, DC: The National Academies Press.

Paul, P., & Elder, L. (2002) *Critical thinking tools for taking charge of your professional and personal life.* Upper Saddle River, NJ: Pearson Education.

Tomlinson, C. A., & Imbeau, M. B. (2010). *Leading and managing a differentiated classroom.* Alexandria, VA: Association for Supervision and Curriculum Development.

Renzulli, J. S., & Reis, S. M. (1997). *The schoolwide enrichment model* (2nd ed.). Mansfield, CT: Creative Learning Press.

Richardson, W. (2012) *Why School?: How Education Must Change When Learning and Information Are Everywhere.* TED Conferences (September 10, 2012). Retrieved from http://www.worldcat.org/title/why-school-how-education-must-change-when-learning-and-information-are-everywhere-will-richardson/oclc/843057844&referer=brief_results

Sternberg, R. J. (1990). Thinking styles: Keys to understanding student perfor-mance. *Phi Delta Kappan, 71*(5), 366–371.

Taba, H. (1966). *Teaching strategies and cognitive functioning in elementary school chil-dren* (Cooperative Research Project No. 2404). San Francisco, CA: San Francisco State College.

Webb, H. I. et al. (2005). *Web alignment tool: Depth of knowledge chart.* Madison: University of Wisconsin, Wisconsin Center of Educational Research.

Wiggins, G., & McTighe, J. (2005). *Understanding by design* (exp. 2nd ed.). Alexandria, VA: Association for Supervision and Curriculum Development.

Wineburg, S. (2001). *Historical thinking and other unnatural acts: Charting the future of teaching the past.* Philadelphia, PA: Temple University Press.

Zull, J. E. (2002). *The art of changing the brain: Enriching the practice of teaching by exploring the biology of learning.* Sterling, VA: Stylus Publishing.

筆記頁

筆記頁

筆記頁

國家圖書館出版品預行編目（CIP）資料

邁向概念為本的課程與教學：如何整合內容與歷程 / 琳恩・艾瑞克森（H. Lynn Erickson），洛薏絲・蘭寧（Lois A. Lanning）作；李秀芬, 林曦平, 李丕寧譯.
-- 初版. -- 新北市：心理出版社股份有限公司, 2021.08
  面； 公分. --（課程教學系列；41337）
  譯自：Transitioning to concept-based curriculum and instruction : how to bring content and process together.
  ISBN 978-986-0744-19-4（平裝）

1. 教學研究　2. 教學設計　3. 教學法

521.4   110012156

課程教學系列 41337

邁向概念為本的課程與教學：如何整合內容與歷程

作　　者：琳恩・艾瑞克森（H. Lynn Erickson）、洛薏絲・蘭寧（Lois A. Lanning）
審 閱 者：劉恆昌
譯　　者：李秀芬、林曦平、李丕寧
執行編輯：陳文玲
總 編 輯：林敬堯
發 行 人：洪有義
出 版 者：心理出版社股份有限公司
地　　址：231026 新北市新店區光明街 288 號 7 樓
電　　話：(02) 29150566
傳　　真：(02) 29152928
郵撥帳號：19293172 心理出版社股份有限公司
網　　址：https://www.psy.com.tw
電子信箱：psychoco@ms15.hinet.net
排 版 者：菩薩蠻數位文化有限公司
印 刷 者：辰皓國際出版製作有限公司
初版一刷：2021 年 8 月
Ｉ Ｓ Ｂ Ｎ：978-986-0744-19-4
定　　價：新台幣 350 元